Albert Pfister

Freiheit des Rückens. Allgemeine Wehrpflicht. Öffentlichkeit des Strafgerichts.

Albert Pfister

Freiheit des Rückens. Allgemeine Wehrpflicht. Öffentlichkeit des Strafgerichts.

ISBN/EAN: 9783743411814

Hergestellt in Europa, USA, Kanada, Australien, Japan

Cover: Foto ©Andreas Hilbeck / pixelio.de

Manufactured and distributed by brebook publishing software
(www.brebook.com)

Albert Pfister

Freiheit des Rückens. Allgemeine Wehrpflicht. Öffentlichkeit des Strafgerichts.

Freiheit des Rückens

Allgemeine Wehrpflicht

Oeffentlichkeit des Strafgerichts

Drei Etappen auf dem Wege militärischer Entwicklung

Von

Dr. Albert Pfister

Generalmajor z. D.

> „Dasjenige Heer wird die beste Disciplin haben, welches die vollständigste und menschlichste Gesetzgebung besitzt."
>
> Boyen.

Deutsche Verlags-Anstalt

Stuttgart, Leipzig, Berlin, Wien

1896

Inhalt.

Vorwort.

Freimut und eine unverwüstliche Schaffenslust, diese Eigen=
schaften sind es gewesen, durch welche die Werkzeuge der Vorsehung:
Scharnhorst, Gneisenau, Boyen, befähigt worden sind, epochemachende
Thaten zu vollführen und den höchsten militärischen Aufgaben ihrer
Zeit gerecht zu werden. Diese Aufgaben, wie vielgestaltig sie technisch
auch erscheinen mochten, sie liefen nach ihrem innersten Wesen in
Einem zusammen: Wehrhaftmachung des gesamten preußischen Volkes
durch die Entdeckung vom Werte des Einzelnen, durch Schaffung
der rechtlichen Persönlichkeit und Einführung der allgemeinen Wehr=
pflicht.

Einen Freimut, den man bis dahin nicht gesehen, hatten die
vom Geschick berufenen Männer nötig, um die Schäden am Körper
des gesamten Volkes wie an dem der Armee aufzudecken; eine
Schaffenskraft ohnegleichen, um die irregeleiteten Geister auf die
richtigen Bahnen zu führen, um an Stelle der alten Mattherzigkeit
frischen Mut zu setzen in neuen, widerstandsfähigen Formen.

Vielfach angefeindet, zuweilen in Ungnade fallend, haben die
Reformer ohne Menschenfurcht ihr Werk durchgeführt. Es ist das
geschehen zu Anfang unseres Jahrhunderts. Und das Ende des=
selben Jahrhunderts soll auch noch die Vollendung des angefangenen

Werkes sehen — die Reform des Militärstrafprozesses. Ein Mann ist auch vorhanden gewesen, dem Schlußwerk ans Tageslicht zu verhelfen, ein ganzer Mann — Bronsart von Schellendorff. In allen seinen Auffassungen und Kundgebungen erwies er sich als einer von den Großen, als einer vom Zuschnitt eines Roon und Boyen; — praktischer Soldat wie Roon; hingebungsvoller Schwärmer wie Boyen für die fleckenlose, unantastbare Ausgestaltung des idealen Schaffensziels, einer nach allen Seiten hin vollkommenen Armee.

Ihm war es nicht beschieden, an seinen Namen die Vollendung des großen Schlußwerks zu knüpfen, dessen eigene Sache es nun ist, durch die innewohnende Bedeutung und Wucht eine schöpferisch ge= staltende Hand an sich heranzuziehen.

Stuttgart, im September 1896.

Albert Pfister.

I. Der Segen einer Niederlage:

Freiheit des Rückens und allgemeine Wehrpflicht.

Ein merkliches Gefühl von Selbstgerechtigkeit pflegt sich unserer zu bemächtigen, wenn wir an die Aufzählung der Ursachen und inneren Gründe gehen, welche in Frankreich zu Ende des achtzehnten Jahrhunderts die große Revolution hervorgerufen haben: das Elend der Massen, ihr menschenunwürdiges Dasein, die sittliche Verkommenheit der höheren Stände, die Erniedrigung der Religion, der Sturmlauf der Philosophie. Vor lauter Befriedigung über fremdes Elend über=sehen wir den eigenen Jammer und schlagen die trotz aller Ver=sumpfung bleibenden Vorzüge des Fremden nicht hoch genug an. Das königliche Frankreich hatte sich in Knechtschaft und Armut, in Rechtlosigkeit und moralischen Ruin führen lassen, aber dabei doch ein Gut eingetauscht, unzerstörbar und viele Schäden aufwiegend — die nationale Einheit. Und diese Einheit ist noch vollendet und zusammengeschweißt worden durch die Revolution; ja sie erwies sich so stark, so unangreifbar, von so widerstandsfähigem Gefüge, daß die Nation sich unbesiegt, wie ein unantastbares Ganzes fühlte auch dann, als in den Jahren 1814 und 1815 die Heere Europas in die Hauptstadt an der Seine eingezogen waren.

In der gleichen Knechtschaft, Armut und Rechtlosigkeit wie die französische Nation vor der Revolution, litt in derselben Zeit das deutsche Volk, ohne irgend ein Gut für all sein Elend ein=tauschen zu können. In der Mitte des Weltteils lag das deutsche Gebiet als ein loses Nebeneinander von staatlichen Existenzen. In Fetzen und Splitter geteilt erscheint das Land untergeordnet unter viele hundert von Herren und Obrigkeiten der verschiedensten Art. Da waren alle Abstufungen vertreten von Macht und Ohnmacht, von Verschwendung und Mangel. Die einen dieser Länderstücke wurden

verwaltet als Jagdgründe, die anderen in der Weise von Korporal=
schaften; alle aber dienten gleicherweise als Unterlage für das Ver=
gnügen der hohen Herren; nur wenige befanden sich unter der
Einwirkung wohlwollender und einsichtsvoller Regierungen. Aus=
einandergehalten sahen sich die verschiedenen Stücke durch Wichtig=
thuerei, Neid und Mißgunst ihrer Herren, durch nachbarliche Reibungen
und Eifersucht, durch wirtschaftliche Hemmungen aller Art; überall
Stumpfsinn unter dem Volke, Entfremdung und Entsittlichung der
oberen, der regierenden, der gelehrten und schöngeistigen Kreise.

Jn schreiendem und widerlichem Mißverhältnis erscheinen die
wirklichen Zustände des Volkes, wie sie damals waren, mit den
Jdealen von Freiheit, Sittlichkeit und Menschenwürde, um die sich
die Geister unseres Volkes zu scharen begannen. Noch konnte niemand
sagen, ob hier der letzte Abendschimmer eines hinsterbenden Volkes
matt verglühe, oder ob das Morgengrauen eines besseren Tages
durchzubrechen beginne, ob hier eine neue geistige Gemeinschaft, ein
unsichtbares Reich deutscher Nation, in der Bildung begriffen sei.
Noch war die Brücke nicht gefunden zwischen dem Volke selbst und
den Vertretern der höchsten geistigen Bestrebungen. Hungernd saß
das Volk am eigenen reich gedeckten Tische. Noch konnte das Ge=
heimnis nicht entdeckt werden, wie etwas Fruchtbringendes aus der
Stube des Gelehrten, aus den Werken des Weltweisen, des Dichters,
des Geistlichen herübergeleitet werden könnte in die Gemüter der
Volksgenossen, um nationale Größe und Befriedigung anzubahnen.

Die besten Deutschen unterlagen der Versuchung, sich aus der
Gemeinschaft mit der Nation in das Reich der Wissenschaft und
Poesie zu flüchten. Und aus dieser Weltabkehr entsprang auf der
einen Seite Romantik, auf der andern Pietismus. Man rühmte sich
des Bekenntnisses weltbürgerlicher und allgemein menschlicher Un=
begrenztheit. Ein e g o i s t i s c h e r , vom Volke sich streng abschließender
g e i s t i g e r H o c h m u t trat zu Tage, ein Sinn, der staatsbürgerliche
Pflichten und nationale Bestrebungen für gutherzige Einfälle erklärte
und sie geringschätzig belächelte.

Die Leidenschaft, der Zorn, die warme Begeisterung, leckes Ver=
dammen, glühendes Erfassen, das alles mußte eben erst erfunden
werden in dem auf der einen Seite kaltsinnigen und frostigen, auf
der andern weich=weinerlichen Zeitalter.

Die b e v o r z u g t e n S t ä n d e , und als solche sind zu betrachten
die Obrigkeiten, die Beamten aller Klassen, der Adel, die Geistlichkeit,
teilten sich mit den regierenden Herren in die Sorge, das Volk,
die Nichtprivilegierten, auf Schritt und Tritt zu bevormunden, ihm
auf allen Lebensgebieten Hemmungen entgegenzustellen, seine Arbeits=
kraft und seinen Erwerb auszubeuten. Das d e u t s c h e V o l k schleppte
sich ab mit einer Bürde auf dem Rücken, welche es an freier Be=

wegung und an frischem Atemholen hinderte. In die Bürde aber
war gepackt all der Wust der Jahrhunderte, der sich angesammelt
hatte als veraltetes Gesetz, als Herkommen, als Verordnung, als
willkürliche Auflage in Gestalt von Zwang aller Art, von Be-
schränkungen, von Leistungen, Abgaben, Fronen, von allen Formen
der Unterthänigkeit weltlichen und geistlichen Ursprungs, von allen
Unbequemlichkeiten des Lebens beim Einzelnen wie bei der politischen
Gesamtheit.

Stumpfsinnig und thatlos hatte so das deutsche Volk die beste
Zeit verträumt und träumend sein staatliches Leben eingebüßt. Als
nun die Stunde kam, politisches Erkennen, Eingreifen, politisches
Handeln verlangte, da fand sich das vom ewigen Lasttragen er-
müdete Volk allein, im Stich gelassen von seinen geistigen Führern.
Nur wenige herrliche Töne von Menschenglück, von Menschenrecht,
von Freiheit und Würde des Daseins, von nationaler Kraft und
Begeisterung waren bisher in die Tiefe gedrungen und hatten ein
neues Zeitalter angekündigt. Ihrer Mehrzahl nach schlugen diese
süßen Klänge von auswärts her an das Ohr der Deutschen, von
Frankreich, von England, von Amerika herüber. Schon lange war
man gewohnt gewesen, mit höchster Bewunderung alles Ausländische
und Fremde zu betrachten; auch jetzt lauschte man wieder mit ge-
spanntem Ohr über die Grenzen hinüber.

Gelangweilt durch die Eintönigkeit und Pedanterie im eigenen
Land, jedes eigenen Erfindungsgeistes bar infolge der Vielregiererei
und der Bevormundung, unfähig zu jeglicher Leidenschaft, den Waffen
fremd, ohne Führer, zeigte sich das deutsche Volk bereit, von jedem
Fremden eine Gabe anzunehmen, der sich die Mühe nehmen mochte,
sie ihm in den Schoß zu werfen.

So sitzt der Verlassene und Elende am Wege und lauscht gierig
den glückverheißenden Worten, welche der Fremde, wenn auch ver-
dächtigen Gewandes, zu ihm spricht von Freiheit und Gleichheit,
von den für alle geltenden Menschenrechten, von der Entlastung der
gedrückten Schultern, von der Aufhebung aller Privilegien und
Vorrechte.

Und derjenige, der seither gefoppt worden war mit läppischen
Schäfer- und Kinderliedern und allegorischen Geschmacklosigkeiten,
dem der neue Schwung des Geisteslebens im eigenen Volke, die neu
erwachte hochgemute Liederlust noch unverstanden geblieben, der
lauschte jetzt klopfenden Herzens dem kecken Kriegslied des Volkes
von Frankreich, dem Sang von der Nation, von ihrer Größe und
Herrlichkeit, von der Hingebung für das Vaterland, von der Sterbe-
freudigkeit der Hand in Hand daherziehenden Brüder.

Was am Rhein geschehen war, am Po, in den Ebenen von
Marengo, bei Hohenlinden, bei Austerlitz, Jena und Auerstädt, das
waren lauter Siege über die Mattherzigkeit der alten Welt, das war
der Triumph der neuen Ideen über die bequeme Gedanken-
losigkeit, über den Formenkram, über die Pedanterie, über die Frivoli-
tät, Selbstgerechtigkeit und das weibische Wesen der abgelebten Zeit.
Was die Revolution in Frankreich entdeckt hatte, die unvertilgbaren
Rechte des einzelnen Menschen, das war eine große, eine unsterbliche
That, ein Geschenk für die gesamte Menschheit. Nicht minder wichtig
ist eine andere Entdeckung der Revolution — die Wiederauffindung
der mannhaften Thatkraft, des rücksichtslosen Entschlusses, hervor-
geholt aus der Rüstkammer einer Welt, welche der Tändelei und dem
Spitzenkram einer überfeinerten Despotie hatte weichen müssen. Und
die mannhafte That war es vor allem, was die Sympathien der
Mitlebenden für die Revolution und ihre Führer wachrief. Aus
der eigenen weichen, weibischen Welt blickte man gern hinauf nach
diesen Männern voll Geist und Energie, nach den Redekünstlern,
welche in knappen, kurz hingeworfenen Worten die eigenen Entschlüsse
kundzugeben, das Schicksal der Niedergeworfenen festzusetzen liebten.
Neben der Bewunderung, neben dem Aufblicken aber wurde zugleich
durch das Ungewöhnliche und Rücksichtslose der Fremdherrschaft eine
andere Frucht gezeitigt, — der Zorn und deutscher Trotz.
    Man war besiegt, gründlich geschlagen, der preußische Name
schien vernichtet nach den Tagen von Jena und Auerstädt,
Eylau, Friedland, nach dem Schlusse von Tilsit. Da half keine
Selbsttäuschung, keine Sophisterei; man mußte von vorne anfangen.
Und darin lag der Segen der Niederlage.
    Nicht wenige von den geistigen Führern haben gerade durch
die Leiden, denen sie sich gleich den anderen Volksgenossen ausgesetzt
sahen, den Weg zur Vereinigung mit der Nation gefunden, zugleich
mit einem gesunden Zorn, mit Leidenschaft und Begeisterung. Ein
anderes kam hinzu: der sich steigernde Gegensatz zu den stolzen ein-
gedrungenen Eroberern, die sich um den deutschen Herd gesetzt, das
Vorbild, die Vergleichung, der Umstand, daß man stets die sterbe-
freudige Vaterlandsbegeisterung der Fremden — der Hohen wie der
Niederen — vor Augen hatte, das alles brachte zuwege, daß in
dem heranreifenden jungen deutschen Geschlecht das nationale Gefühl
in mächtigen Regungen sich Bahn brach. Der militärische Stolz des
alten Preußentums und der kühne Idealismus der jungen deutschen
Litteratur begegneten sich plötzlich in verwandten Gedanken.
    Aus war es mit der selbstgenügsamen Abgeschlossenheit, mit
dem wissenschaftlichen Egoismus, mit der träumenden Beschaulichkeit
und Tändelei. Ein Geschlecht wuchs heran, hart gegen sich selbst,
erpicht darauf, von allem Kunde zu erhalten, was im öffentlichen

Leben vor sich ging, und entschlossen, durch eigenes Eingreifen am politischen Leben Anteil zu nehmen. Hatte Friedrich der Große einst den Grundsatz ausgesprochen: „Der friedliche Bürger soll es gar nicht merken, wenn die Nation sich schlägt", so lautete jetzt die Losung: Nichts darf geschehen, weder im Krieg noch im Frieden, ohne daß das Volk seinen Anteil daran hätte beratend und handelnd.

Mit gieriger Hand wühlte man unter den Ereignissen, unter den Ueberraschungen und Persönlichkeiten, um den Ursachen der Unglücksschläge auf die Spur zu kommen, welche mit ihren be= täubenden Wirkungen eben über das preußische Volk hingegangen. Waren es die „Federbüsche" gewesen, welche, verknöchert in ver= alteten Anschauungen und gebrochenen Körpers, den Anforderungen an moderne Truppenführung nicht mehr zu genügen vermochten? Oder hatte die Presse, die bevormundende und doch lotterige Ver= waltung zersetzend gewirkt? War die Schuld dem uniformierten Dienstmann beizumessen, der für die Söhne des Vaterlandes die Waffen trug, oder sollte man mit der Gleichgiltigkeit des gesamten Volkes ins Gericht gehen, mit dem Junkertum, mit dem Abhanden= kommen des öffentlichen Geistes, dem Mangel an Vaterlandsliebe, an Opferfreudigkeit?

Die Ursachen großer nationaler Unglücksfälle sind so verwickelter Natur, daß es schwer wird, sie genau festzustellen. Sie hängen nicht nur mit der Leitung des Staates, sondern auch mit der Ent= wicklung des öffentlichen Lebens untrennbar zusammen. Was Preußen zu Grunde gerichtet hat, ist die Politik, welche List ohne Kraft an= wenden wollte, die gekünstelte Auffassung der Kriegführung, die Einwirkung der Popularphilosophie, des in seichter Aufklärung, Genuß= und Selbstsucht entarteten Zeitgeistes, und endlich ganz be= sonders die gedrückte Lage des Heeres. Heute wissen wir, wie die Gesamtheit des Volkes, der die Zeit beherrschende Geist für den Mißerfolg verantwortlich zu machen ist.

Unmittelbar nach den betäubenden Schlägen stritt man sich noch herum, ohne zu einem Ende zu kommen; das Eine aber erschien allen klar: es galt, Neues zu bauen mit vereinter Kraft. Und jetzt hatten sich alle seither getrennten Stände mit ihren Bestrebungen ein gemeinschaftliches Ziel gesteckt.

Regierung und Volk, Gelehrte und Ungelehrte, der König und seine neuentdeckten Mitbürger, die bisherigen Unterthanen, hatten sich gefunden in gemeinschaftlicher Arbeit.

Mit Friedrich Wilhelm III. war nach jeder Seite hin der rechte Mann auf den Plan getreten für seine Zeit und für sein Volk. Nicht gewillt, persönliche Leistungen und Ansichten in den Vordergrund zu stellen, ging er vor allem darauf aus, sich in alle Verhältnisse Einblick zu verschaffen, sich zu belehren und die richtigen

Männer auf die richtigen Plätze zu stellen. All das hat er ja vererbt auf seinen zweiten Sohn, unseren großen Kaiser Wilhelm.

Gesunden und durchaus geraden Sinnes, wie er von jeher war, unbeirrt sowohl von der romantischen Richtung der Zeit, wie von der kalt rechnenden Spekulation, durchschaute Friedrich Wilhelm schon vor den Unglückstagen die ganze Nichtsnutzigkeit des herrschenden Systems. Alle Plane und Entwürfe, welche zur Aufrechterhaltung des preußischen Staates getroffen waren, legte man dem König vor. „Man sah ihm an," erzählt Graf Henckel von Donnersmarck, „wie ihm das Herz voll war"; plötzlich brach er in die merkwürdigen Worte aus: „Das kann nicht gut gehen, denn es ist ja eine unbeschreibliche Konfusion. Die Herren wollen das aber nicht glauben und behaupten, ich wäre noch zu jung und verstehe das nicht. Ich wünsche, daß ich unrecht habe."

Rasch war der König im Unglück älter geworden. Jetzt stellte er sich selbst neben diejenigen, deren Aufgabe es war, den Staat neu zu bauen. Am wenigsten hatten sich die Heereseinrichtungen bewährt. Da galt es, an dem Bau, dessen Gefüge im ganzen für jetzt noch bestehen blieb, Stein für Stein frisch einzusetzen; nicht zerstören und niederreißen wollte man, sondern mit sorgfältiger Hand prüfend neue Bausteine herbeitragen und sogar den Grund erneuern. Alles das bildete die Aufgabe der Armeeorganisations-kommission, welche der König am 25. Juli 1807 einsetzte mit dem General Scharnhorst an der Spitze.

Und wie man sich hier in der Kommission zusammensetzte, so brachte im ganzen Lande die gleiche Not die Menschen einander menschlich nahe. Die gleiche Not riß die Schranken der Stände nieder, verband die Menschen zu Freundesvereinen und weckte Tugendübungen, wie sie das Glück nicht kennt.

Mit klarem Blicke in die Zukunft schauend und zugleich die gegenwärtigen Verhältnisse durchdringend, hatte Scharnhorst schon beizeiten die Ziele schauen lassen, auf welche hinzustreben sei, und die Wege bezeichnet, welche eingeschlagen werden müssen. Die bevorstehende Abrechnung mit Frankreich bildete die stillschweigende Voraussetzung bei allem, was er ersann, vorschlug und ausführte. Jedem wies er seine Aufgabe, seinen speziellen Teil an dem großen Werke der Umbildung der Armee zu.

Wie hier Scharnhorst an der Spitze derjenigen stand, welche dem Heere neue Stützen schaffen, neuen Geist einhauchen sollten, so scharten sich unter Freiherrn vom Stein alle diejenigen, welchen die Herstellung neuer Grundlagen für die Verwaltung und Regierung des Staats, für das öffentliche Leben, für die Erwerbsthätigkeit am Herzen lag, für die Befreiung des Gewerbes und der Landwirtschaft von lästigen Banden. „Demokratische Grundsätze in eine monarchische

Regierung einzuführen," bezeichnete Hardenberg als Ziel der Reform.

Eine unvergleichliche Schar kecker, treuer und hochherziger Männer trat um die beiden Spitzen zusammen, um jene beiden mächtigen, festen, kühnblickenden Männer, wie sie eine schwere Zeit hervorbringt und wieder braucht.

Da stellte sich Gneisenau ein als erster Gehilfe Scharnhorsts. Seine Grundsätze sprach er aus in einer Denkschrift vom Anfang Juli 1807: „Ein Grund hat Frankreich besonders auf diese hohe Stufe von Größe gehoben: die Revolution hat alle Kräfte geweckt und jeder Kraft einen ihr angemessenen Wirkungskreis gegeben. Dadurch kamen an die Spitze der Armee Helden, an die ersten Stellen der Verwaltung Staatsmänner und endlich an die Spitze eines großen Volkes der größte Mensch aus seiner Mitte.

„Welche unendlichen Kräfte schlafen im Schoße einer Nation unentwickelt und unbenützt! In der Brust von tausend und tausend Menschen wohnt ein großer Genius, dessen aufstrebende Flügel durch die niedrigen Verhältnisse gelähmt werden. Währenddem ein Reich in seiner Schwäche und Schmach vergeht, folgt vielleicht in seinem elendesten Dorfe ein Cäsar dem Pfluge, und ein Epaminondas nährt sich karg von dem Ertrag der Arbeit seiner Hände. Warum griffen die Höfe nicht zu dem einfachen und sichern Mittel, dem Genie, wo es sich findet, eine Laufbahn zu öffnen, die Talente und die Tugenden aufzumuntern, von welchem Stande und Rang sie auch sein mögen? Warum wählen sie nicht dieses Mittel, ihre Kräfte zu vertausendfachen, und schlossen dem gemeinen Bürgerlichen die Triumphpforte auf, durch welche der Adelige jetzt nur ziehen soll?

„Die neue Zeit braucht mehr als alte Namen, Titel und Pergamente, sie braucht frische That und Kraft. Aber: ‚Es ist doch besser, es bleibt der Ruhm, auf Ahnenparadebett, durch keine Mesalliance mit dem Genie von gemeiner Herkunft befleckt, zu verscheiden, als sich in Verbindung mit ihm zu erhalten.'

„Die Revolution hat die ganze Nationalkraft des französischen Volkes in Thätigkeit gesetzt, dadurch die Gleichstellung der verschiedenen Stände und die gleiche Besteuerung des Vermögens, die lebendige Kraft in den Menschen und die tote der Güter zu einem wuchernden Kapital umgeschaffen und dadurch die ehemaligen Verhältnisse der Staaten zu einander und das darauf beruhende Gleichgewicht aufgehoben. Wollten die übrigen Staaten dieses Gleichgewicht wiederherstellen, dann mußten sie dieselben Hilfsquellen sich eröffnen und sie benützen. Sie mußten sich die Resultate der Revolution zueignen."

Seine Grundideen für die Armeereform entwickelte Gneisenau noch weiter: „Die durch den Krieg zerbrochene Soldaten-

laste bleibt, wie sie daniederliegt, wird nicht wieder hergestellt, son=
dern durch ein auf gleicher Pflicht und gleichem Rechte der gesamten
Volksklassen begründetes, kriegsfähiges, kriegsgeübtes und aus der
vorgebildeten Volkskraft stets zu ergänzendes und nötigenfalls auf
das Dreifache zu erhöhendes Heer ersetzt.

„Die Ehre des Kriegers und der kriegerische Geist ist durch
strenge, aber ehrenvolle Behandlung, geistige, sittliche und kriegerische
Ausbildung und Aussicht auf Belohnung zu bewahren und zu be=
leben."

So sind sie vorgezeichnet, die beiden nächstliegenden Hauptziele:
Ehrenvolle Behandlung und allgemeine Wehrpflicht.

Mit den beiden leitenden Geistern, Scharnhorst und Gneisenau,
vereinigte sich eine Anzahl von jüngeren Offizieren: die Majore
v. Boyen, v. Grolman, v. Clausewitz. Der geistige Verband dieser
Männer legte nun die Hand an das zunächst Wichtigste: Ergänzung
und Zusammensetzung der Armee, Verbindung der Waffen, Ver=
besserung der Ausbildung, Vereinfachung des Trosses, Reform im
Generalstab und im Kriegsministerium, Ergänzung des Offiziercorps
dadurch, daß jeder, der eine wissenschaftliche Reise nachzuweisen ver=
mochte, Aussicht erhielt, Offizier zu werden. Zu dem allem trat
Verbesserung des Unterrichtes, Hebung der Militärbildungsanstalten
und was sonst geeignet war, den militärischen Geist zu fördern.
Denn um den Geist der Armee, um den sich früher kein Mensch
gekümmert, drehte sich jetzt alles.

Wie eine alte, ehrenwerte Maschine hatte man früher die Armee
betrachtet. Zu gewöhnlichen Zeiten stellte man das gute, respektable
Rüstzeug in den Winkel. Manchmal aber brachte man es hervor,
putzte es blank und zeigte es dann der bewundernden Welt. Nach=
dem gehörig applaudiert und Ah! gerufen war, stellte man die bewährte
und auch jetzt wieder anerkannte Maschine abermals zurück. Nun aber
machte man die Entdeckung, eine brauchbare Armee dürfe nun und
nimmer ein toter Mechanismus, eine Maschine sein, sie lebe vielmehr
als ein vielgliederiger und nicht allzu leicht zu behandelnder Organis=
mus. Und noch eine weitere Entdeckung kam dazu: dieser ganze
große Organismus bestehe aus Einzelnen und jedem dieser
Einzelnen komme ein persönliches Recht und eine besondere Be=
handlung zu.

Der Major v. Boyen war es, der sich im Bunde mit Gneisenau
ganz besonders des Ausbaus nach der ethischen, nach der pädagogi=
schen Seite annahm. Schon als Compagnieführer im Jahre 1799
hatte Boyen seine Gedanken über Reform der Militärstrafen
zusammengetragen. Ihm kam es vor allem darauf an, die Achtung

der sittlichen Persönlichkeit in dem Soldaten voranzustellen. Nicht durch äußeren Zwang, sondern durch Weckung des Nachdenkens und des Ehrgefühls sollte der Mann erzogen werden.

Frühzeitig war im Geiste Boyens die Entdeckung des ein= zelnen Menschen, seine Berechtigung als Einzelheit, als Persönlichkeit vor sich gegangen. Es wuchs diese Gedankenreihe heraus aus des jungen Offiziers ganzem Bildungsgang. In Königsberg war er zu den Füßen eines Kant und Kraus gesessen, und so ging er auf seinem Wege stets von den Forderungen Kantischer Philosophie aus, das ganze innere Leben durch die Vernunft strenge zu regeln und die Herrschaft der Pflicht auf alle Gedanken und Handlungen auszudehnen.

Der Imperativ der Pflicht, das Vaterland zu verteidigen, sollte sich nach Boyens Ansicht jedem wehrhaften Bürger derart ins Herz pflanzen, daß der hingebende Eifer an den Staat sein ganzes Leben zu regeln vermöge. Boyen gehörte nicht so sehr zu den Modernen, zu den Radikalen, wie der Autodidakt Gneisenau; seine Ideale von etwas altfränkischem Zuschnitt waren herausgewachsen aus dem auf= geklärten Despotismus und dem Rationalismus des achtzehnten Jahr= hunderts. Ihm schwebten die Tage Friedrich Wilhelms I. vor, der den kategorischen Imperativ praktisch längst entdeckt hatte, lange ehe Kant dahinter gekommen; jene Tage, da jedermann im preußischen Staate gelehrt wurde, seine Pflicht und Schuldigkeit als Staats= bürger zu thun, wenn auch nicht gerade mit dem Gefühl übertriebener Glückseligkeit.

Von allen am klarsten erfaßte Boyen in der großen Kommission die ethische Bedeutung vom Neubau des preußischen Heeres, vom Anbahnen der allgemeinen Wehrpflicht, von dem großartigen Gedanken, der hinüberleitete zu der Erziehung des Volks im Waffen= dienst und damit zugleich in allen bürgerlichen Tugenden.

Was der Anbahnung für die Wege nach so hohen Zielen voran= gehen mußte, das war die Beseitigung aller entehrenden Strafen. Seither hatte der Stock in der preußischen Armee regiert, die Ruten durften noch die Rücken zerfleischen. Eingehend darauf veröffentlichte Gneisenau am 9. Juli 1808 einen Artikel mit der Ueberschrift: Freiheit der Rücken.

„Vor zwanzig Jahren begann das Wort Freiheit durch Europa zu tönen. Wir fühlen seine Erschütterungen noch, obgleich dem Worte nun ein ganz anderer Sinn untergelegt ist. Laßt uns unsern Blick abwenden von dieser Freiheit, so mancherlei Gestalt und Art, und uns mit der Freiheit der Rücken beschäftigen, die wahrlich einer auf= geklärten Nation nicht unwürdig ist.

„Man hält es hie und da immer noch für unmöglich, bei dem deutschen Kriegswesen die Stock= und Spießrutenstrafen ab-

2

zuschaffen. Während die Milde unserer Gesetzgebung den Händen des Fronvogts den Stock entwindet, während unser Strafkodex nur noch den Diebstahl mit Schlägen bei gemeinen Verbrechern belegt; während ein Stockschlag in allen Ständen für eine empörende Be= schimpfung gilt, will man im ehrenvollsten aller Vereine eine Be= strafungsart noch beibehalten wissen, welche so sehr den Begriffen des Zeitalters widerstrebt.

„Wenn ein gerechtes Gesetz Pflichten und Ansprüche mit Un= parteilichkeit über alle Stände verteilt und den Sohn des königlichen Rates ebensowohl den Reihen der Vaterlandsverteidiger beigesellt als den Pflüger und Taglöhner, so wird es nötig, die für rohere Naturen und für ein roheres Zeitalter erfundenen Strafarten der fortgeschrittenen Bildung mehr analog abzuändern und wohlerzogene junge Männer vor der Möglichkeit zu schützen, von übelwollenden Vorgesetzten mißhandelt zu werden.

„Jede Nation muß sich selbst ehren und keine Einrichtungen bei sich dulden, die sie in den Augen anderer Völker herabsetzen. Ebenso mit den Ständen. Aber was soll der Fremde, was soll der Bürger denken, wenn er den Soldaten auf öffentlichen Plätzen mit dem Stocke mißhandeln, ihn oft über geringfügige Exerzierfehler von eigener Hand seines hohen Vorgesetzten willkürlich mit Schlägen übersäen sieht und gewahr wird, daß dem oft erst der Kindheit entwachsenen Befehlshaber niederen Grades dasselbe Recht zusteht und sogar der Unteroffizier dieselbe Willkür übt? Muß der Zuschauer nicht seinen Blick unwillkürlich wegwenden?

„Die Proklamation der Freiheit der Rücken scheint also der Verallgemeinerung der Waffenpflichtigkeit vorangehen zu müssen. Dünkt dies nicht möglich, nun, so laßt uns Verzicht thun auf unsere Ansprüche an Kultur und die Beweggründe zum Wohl= verhalten noch fernerhin im Holze aufsuchen, da wir sie im Ehr= gefühl nicht zu finden vermögen.“

Mit der Rückkehr Steins war in Königsberg eine patriotische Zeitung unter dem Namen „Der Volksfreund“ entstanden. Scharn= horst ermunterte das Unternehmen; Gneisenau und Boyen wählten das Blatt, um durch dasselbe ihren Ansichten und Entwürfen die notwendige Ausbreitung zu geben. Mit vollem Titel nannte sich der „Volksfreund“ „eine Wochenschrift zur Erholung, Belehrung und Verbesserung des Zustandes des Volkes, für das Volk und für die= jenigen, denen sein Wohl aufrichtig am Herzen liegt“.

Ohne Kampf kein Sieg. So hatten auch die Reformer in der Reorganisationskommission, die Männer, welche bald als Jakobiner und Demagogen verschrieen wurden, schweren Kampf zu bestehen mit den Anhängern des Alten, mit denjenigen, welche nur halb oder gar nicht von der Unwürdigkeit und Nichtigkeit der abgelebten Formen zu überzeugen waren. Der unermüdlichste Streiter blieb Boyen. In seiner ruhigen, überlegten, stillen Weise rief er den Offizieren, seinen Standesgenossen, zu: „Sondert nur sorgfältiger den Bösewicht von dem guten Menschen; kleidet die Ausbrüche eures Diensteifers nur immer mehr in das Gewand kalter Besonnenheit, nicht brausenden Jähzorns; handelt nach Gesetzen, nicht nach Launen: und ihr werdet euch eine Schar von Helden bilden, zu denen der Sieg sich als ein treuer Gefährte gesellen wird, während er im Gegenteil bei einer zusammengeprügelten Horde nur als ein Werk des Zufalls erscheint."

Der philosophische Kriegsmann in seiner freien, lichten Denk= weise bekannte sich zu der Ueberzeugung, daß jedem Gesetz, auch dem militärischen, die sittliche Bildung des Menschen zu Grunde liegen müsse: das heißt, es habe die Ausübung der Tugend zu befördern, die des Lasters zu verhindern. Deshalb möge der Gesetzgeber zu= nächst zum moralischen Gefühl reden. Mehr als durch Strafen werde der Uebertreter durch die Furcht vor der mit jeder Strafe ver= bundenen Schande gebessert.

„Jede Strafe," fährt Boyen fort, „die in einem andern Stande entehren würde, muß im Soldatenstande doppelt schädlich sein. Oeffent= liche (körperliche) Bestrafungen erzeugen Verachtung, gegen den Ein= zelnen sowohl als den ganzen Stand. . Dienstvergehungen und Lieder= lichkeit können gerechterweise nicht mit gleicher körperlicher Züchtigung belegt werden. Körperlicher Schmerz kann das augenblickliche, leicht vergessene Versprechen der Besserung abringen; arbeitsvolle Ein= samkeit erzeugt dauerndere Vorsätze. Mißhandlungen, sowohl körperliche als auch mit Worten, ersticken alle Ehr= begierde. Dasjenige Heer wird die beste Disciplin haben, welches die vollständigste und menschlichste Gesetzgebung hat."

Feuriger und heftiger wußten Gneisenau und Grolman durch= zufahren, machtvoller Scharnhorst, aber der Ueberzeugteste von der ethischen Kraft seiner Bestrebungen blieb Boyen. In seiner Weise hat E. M. Arndt die großen Männer jener Tage verherrlicht. Er weiht sein Lied dem Stärksten, Stein; dem Größten, Scharnhorst; dem Edelsten, Gneisenau; und so auch dem Stillsten.

„Was meinst du wohl mit dem Stillen?
Eine Frage fast hoch über meinen Erreich.
Ich meine, du meinest den tapfersten Willen:
Solcher Stillen ist Erdreich und Himmelreich —
So merke die Wörter hell, frei und treu,
Drin sitzt der Boyen, der stille Leu."

Alle die in der Kommission Beratenden kannten die unmensch= lichen Strafmittel wohl; man erzählt, die Hälfte und mehr von den Mannschaften hätte jene Strafen erdulden müssen, welche den Rücken

mit Striemen bedeckten und durch Ruten blutig zersetzten. Die An=
sprachen Boyens fielen auf einen guten Boden. Einzelne Reformen
in der Armee waren ja leicht durchzuführen, aber gerade die wich=
tigsten: Offiziererfatz, Abschaffung des Stocks, allgemeine Wehrpflicht,
diese erforderten tüchtige Vorarbeit; es galt Stimmung für sie zu
machen. Denn der bureaukratischen und junkerlichen Angstmänner
gab es genug, welche prophezeiten, daß mit dem Verschwinden des
Stocks und mit dem Eindringen des bürgerlichen Elements, selbst in
die ältesten Infanterie= und Kavallerieregimenter, die Armee vollends
ganz auseinanderfallen werde. Der Stock sei nicht zu entbehren, und
die Einräumung des Eintritts bei der Artillerie und bei den Husaren
müsse den Bürgerlichen genügen.

Da galt es standhaft zu bleiben und den guten Mut nicht zu
verlieren. „Er handelt," so wurde Boyen von Gneisenau gefeiert,
„ohne Rücksicht auf sich und nur für die gute Sache, und ist bereit,
jeden Augenblick dafür alles aufzugeben." Als Kommandant von
Kolberg hatte Gneisenau seine Offiziere gebeten, freiwillig auf das
ihnen zustehende Prügelrecht zu verzichten. Man fühlte es von Tag
zu Tag mehr: unmöglich konnten diese Strafen bestehen bleiben in
dem Zeitalter, in welchem durch die gleichmachende Not Regierende
und Regierte, Privilegierte und Bedrückte, Offiziere und Soldaten sich
als gleichberechtigte Mitbürger gefunden.

Für die Durchsetzung ihrer Ideen war den Reformern der Beistand
unschätzbar, den ihnen der berufene Vertreter der militärischen Rechts=
pflege, Generalauditeur v. Koenen, leistete. Erleuchtet, vor=
urteilsfrei, von den Fesseln des Herkommens sich losmachend, wußte
er überall die gesetzlichen Formen zu wahren, wie er denn schließlich
auch die Redaktion des Gesetzes übernahm. Am 26. Mai 1808
überreichte Koenen das bahnbrechende Werk des neuen Militärstraf=
gesetzes, zusammen mit den herrlichen Erläuterungen, dem König.

Die neuen Kriegsartikel und die Verordnung über die Militär=
strafen hoben sogleich mit der Verheißung an, künftig würden alle
Unterthanen, auch Leute von guter Erziehung, als gemeine Soldaten
dienen, und begründeten damit die Notwendigkeit einer milderen Be=
handlung der Mannschaft. — Eine weitere Ehrung und Hebung des
Kriegerstandes sollte die Kirche in die Wege leiten. „In der Kirche,
so lauten die mächtigen, Grolmans strengem Geiste entsprungenen
Worte, wird jedes Namen, der vorm Feinde geblieben oder an seinen
Wunden gestorben ist, mit goldenen Buchstaben aufgezeichnet; vom
Prediger wird eine darauf sich beziehende Predigt gehalten und ihm
zu Ehren ein Lied gesungen. Die Frauen dieser Gebliebenen erhalten
den ersten Platz vornan in der Kirche. Sobald ein Soldat den
Orden erhält, wird es gleichfalls vom Prediger in der Kirche öffent=
lich bekannt gemacht mit einer dazu passenden Rede. Kehren die

Soldaten in den Vaterort zurück, so hat der, der den Orden hat, den ersten Rang in der Kirche; dann folgen die, so die Campagne mitgemacht haben. Sollte sich ein Soldat finden, der sich feig und schlecht benommen hat, so hat er den untersten Platz in der Kirche, hinten an der Wand."

Als Friedrich Wilhelm III. am 3. August 1808 die neuen Gesetze unterzeichnete, da begann er damit einen neuen Abschnitt der Geschichte seines Staates. Die Kluft zwischen Adel und Bürgertum war geschlossen; das Heer hatte aufgehört, ein Staat im Staate zu sein; der Stock abgeschafft, die Freiheit des Rückens proklamiert.

An die Stelle der Menschenverachtung war die Achtung der rechtlichen Persönlichkeit getreten. Man konnte jetzt im Kreise der Reformer weiter denken, der Einführung allgemeiner Wehrpflicht vorarbeiten. Die Aufgabe sei, eine von andern Völkern beneidete Heeresverfassung zu haben, um die am Alten hängenden Staaten überleben zu können. Die stehenden Heere, das heißt diejenigen, welche auf Werbung oder auf Konskription mit Stellvertretung beruhen, können einem Volke in Waffen niemals widerstehen. „Die stärkste Stütze der Regenten," sagt Gneisenau weiter, „ist unstreitig das Volk. Der Glanz der Kronen, ihre Sicherheit, alle Mittel der Erhaltung beruhen auf ihm; durch stehende Heere aber trennen die Regierungen ihre Interessen von denen des Volks."

***

Am 2. März 1812 war es, als Oberst v. Boyen, der militärische Ratgeber des Königs, ins Schloß in Berlin berufen wurde. Der Krieg gegen Rußland bereitete sich vor; die ganze Existenz des preußischen Staates hing von seiner Parteinahme für oder wider Frankreich ab. Es ging nicht anders, man mußte sich den Forderungen Frankreichs fügen, sich an seine Seite stellen. Es erschien das als ein Gebot der Selbsterhaltung. Noch war der Vertrag über den Beitritt der preußischen Truppen zu Frankreichs Großer Armee nicht geschlossen; man unterhandelte; die Nachricht mußte unterwegs sein. In der Zwischenzeit aber hatten schon französische Truppen die Mark Brandenburg betreten. Schrecken verbreitete sich in der königlichen Familie; man fürchtete, flüchten zu müssen.

Um nützlichen Rat zu geben, war also Boyen ins Schloß befohlen worden. Er ordnete rasch seine Gedanken, sinnend stand er am Fenster, ehe er vor den König zu treten hatte. Da gingen wohl an seinem Geiste alle die Arbeiten vorüber, welche er als eines der Häupter der Reformer hatte ausführen helfen, alle die Resultate, welche jetzt schon als erreicht vorlagen: die bürgerliche Freiheit, die Reorganisation des Verwaltungsdienstes, Auffrischung des Offizier= corps und des militärischen Geistes, die Freiheit der Rücken, Ent= fernung aller entehrenden Strafen, die Erziehung zur Vaterlands= liebe und zum Erkennen des eigenen Wertes.

Noch war man stehen geblieben vor einer der Hauptreformen, vor der allgemeinen Wehrpflicht. Dieser Vorsprung war es, um den Scharnhorst die Streiter der französischen Republik beneidet hatte; dort schicke man alle tüchtige Mannschaft ohne Unterschied auf die Waffenplätze, dort werde mit den Hilfsmitteln der gesamten Nation der Krieg geführt. Jeder, der etwas thue zum Heile der Republik, dürfe auf Dankbarkeit und Ehre rechnen, während der= jenige, der seiner Schuldigkeit sich entziehe, der Schande und der Verfolgung ausgesetzt sei. Die Nation der Franzosen werde an den Tod gewöhnt und an alle Opfer, welche der Krieg erfordere.

Einst, als es für Frankreich galt, die Invasion der Fremden im Jahre 1792 zurückzuweisen und den Boden Frankreichs zu säubern, als man begann, nach den natürlichen Grenzen zu rufen und die Nachbarnationen zu unterjochen, da hatte man die Wucht der all= gemeinen Wehrpflicht zu Hilfe gerufen. Napoleon aber, der Neu= ordner der aus dem Gewirre der Revolution hervorgegangenen Zustände, nahm von den Besitzenden den Druck des Gesetzes der allgemeinen Wehrpflicht weg und schuf das Konskriptionsgesetz vom 7. Mai 1800, durch welches den Besitzenden gestattet war, Stellvertreter für sich zu werben und in die Armee einzustellen. Dadurch schuf sich der neue Machthaber zugleich Anerkennung und Stützen bei den reichen und bevorzugten Ständen. Es ist dies Gesetz in Frankreich zu Kraft bestanden, bis die Lehren des Krieges 1870/71 zur Annahme der allgemeinen Wehrpflicht führten.

In Preußen war in den Jahren vor dem russischen Feldzug wohl der Grundsatz aufgestellt worden: „Jeder Preuße ist ge= borener Verteidiger des Vaterlandes," aber zu einem Gesetz war man noch nicht durchgedrungen. Und doch hing von der Indienststellung des gesamten preußischen Volkes die Bedeutung des Staates für die Zukunft ab. Gerade durch die allgemeine Wehrpflicht gedachten die preußischen Reformer dem fremden Eroberer, der ja neuerdings der allgemeinen Waffenpflicht untreu geworden war, einen Vorsprung abzugewinnen, und zwar einen Vorsprung militärischer und zugleich moralischer Natur. Und jetzt mußte neuer Kriegslärm alle die segenspendenden Arbeiten und Entwürfe unter= brechen.

In solchen Bahnen mochten sich Boyens Gedanken bewegen, als er am 2. März 1812 aus den Fenstern des königlichen Schlosses blickte. In demselben Augenblicke fiel Boyens Auge auf den eben von Paris im Schloßhof ankommenden Kurier. Die Ungewißheit war zu Ende; der Vertrag mit Frankreich abgeschlossen; man stand gegen Rußland im Felde und stellte alle Hilfsmittel Preußens dem Franzosenkaiser zur Verfügung. Am 4. März genehmigte der König den Anschluß an Frankreich.

Die Häupter der Reformer aber waren entschlossen, den Zug unter den Fahnen Frankreichs gegen Rußland nicht mitzumachen. Sie zerstreuten sich in alle Winde: Boyen und Clausewitz mit andern wandten sich nach Rußland; Gneisenau ging nach England. Sie hatten ihren Abschied erhalten; Scharnhorst allein, halb versteckt, blieb im Lande und wenigstens in einem Teile seines Geschäfts= kreises.

Mit den Reformern selbst gingen auch ihre Pläne und Ent= würfe für die Zukunft. Denn, wie wunderbar es auch klingen mag, sie hofften stets noch auf eine Zukunft, günstig ihrem Lieblingswerk. Im fernen Lande verloren sie niemals ihre Ziele aus dem Auge, niemals vergaßen sie des Vaterlandes und seiner Not, immer bereit, wenn die Stunde schlagen sollte, sich selbst, all ihr Wissen und Können, ihr Herzblut, ihr warmes Sehnen und Schwärmen dem Vaterlande zur Verfügung zu stellen.

Und sie kam, die Stunde; frühzeitiger, als sie zu hoffen gewagt. Einer der an der Spitze Stehenden hatte niemals an der Zer= schmetterung des unersättlichen Eroberers durch einen Akt der gött= lichen Gerechtigkeit gezweifelt — der Freiherr vom Stein; dem gewöhnlichen Menschen aber mochte der Koloß zu gewaltig erscheinen; wie ein Gotteswunder erschien darum die Botschaft von dem jäh krachenden Fall.

Monatelang schien Napoleons Sieg gesichert; dann kam eine Periode des Stillstands und Zweifels, und jetzt, noch im Dezember 1812, jetzt hatte man die Gewißheit: der finstere Eroberer floh über Glogau und Dresden dem Rhein, seinem Frankreich zu; das 29. Bulletin verkündete aller Welt den Tod der Großen Armee. Mühselig und gebrochen schleppten sich ihre Trümmer zurück nach der Weichsel, nach der Oder. Das Jahr 1812 war noch nicht vollständig zu Ende, da hatte General York seine Kapitulation mit den Russen geschlossen.

Die Agenten Frankreichs, eben noch so drohend und säbelrasselnd, waren plötzlich gar kleinlaut geworden. So konnte es geschehen, daß die Männer des Volks: Schleiermacher, E. M. Arndt, Steffens und andere ihre Stimme erhoben,· daß im Januar 1813 Friedrich Wilhelm III. von dem überwachten Berlin seinen Sitz wegverlegte nach dem freien Breslau, daß er von hier aus in den Februartagen seinen Aufruf erließ an das preußische Volk, und ganz besonders an die Jugend der bevorzugten Stände, zu freiwilligem Dienst. Nun strömten sie alle herbei nach den Waffenplätzen, die jungen Studenten und die alten Wehrleute. Längst waren ja die Landwehrmänner, die Waffe in der Hand, bereit gestanden, an der halbgeöffneten Thüre hinauslauschend in die Winternacht, ob sie nicht Frühlings= rauschen hörten und die Stimme des Königs, der zum Kampfe ruft.

Bald folgte das Bündnis mit Rußland, die Kriegs= erklärung an Frankreich am 16. März 1813, und der darauf= folgende Tag brachte den Aufruf des Königs: An Mein Volk. Jetzt trat es klar zu Tage: die Ideen der Reformer waren nicht das Eigentum einer kleinen Partei, nein, die Edelsten und Kräftigsten des ganzen Volkes teilten sie. Die ganze Herrlichkeit eines großen einigen Vaterlandes that sich den Blicken des deutschen Volkes auf.

Da standen sie nun alle wieder, die zurückgekehrten Reformer, und reichten sich die Hände. Kaum aber vermochten sie sich freudigen Willkomm zu sagen und von ihren neuen Hoffnungen zu reden, da riß sie auch die Dienstpflicht wieder auseinander, nach verschiedenen Teilen des vielgestaltigen Kriegsschauplatzes. Scharnhorst fand seine Stelle an der Seite Blüchers; als er bald darauf seiner bei Groß= görschen erhaltenen Wunde erlegen war, trat Gneisenau an seine Stelle; Boyen wurde Chef des Generalstabs bei dem Corps Bülow, in der Nordarmee, Grolman stand zunächst in Böhmen, Clausewitz in Mecklenburg. Auf dem Schlachtfeld bei Leipzig trafen sie sich wieder und beim Einzug in Paris am 30. März 1814.

So war es also geschehen: alle Schmach war gesühnt, und man ging daran, Preußen und Deutschland neu zu bauen. Am 7. August 1814 hielt Friedrich Wilhelm III., an der Spitze der sieg= reichen Armee, umgeben von den Feldherren, seinen Einzug in Berlin. Und nun ging man daran, alles, was der Sieg gebracht, in feste Formen zu gießen. Nach Verfassung der Staaten, nach Regelung des Waffendienstes drängte in jenen Tagen alles hin. Nicht durch Waffengewalt, sagte damals Gneisenau, sondern durch den dreifachen Primat von Kriegsruhm, Verfassung und Gesetzen und Pflege von Kunst und Wissenschaft müssen wir wirken und in den Deutschen den Wunsch erwecken, mit uns vereinigt zu werden.

Der Krieg gegen Rußland 1812 hatte das Reformwerk unter= brochen. Es galt, die Arbeit da wieder aufzunehmen, wo sie liegen geblieben war, an der Einführung der allgemeinen Wehrpflicht. Die Februarerlasse vom Jahr 1813 vermochten faktisch für die Not der Zeit allgemeine Wehrpflicht zur Geltung zu bringen, und die Wucht der Improvisierung hatte auch ihre Schuldigkeit gethan; Friede war erkämpft und neue Größe dem Staate gewonnen. Aber der brennende Eifer Boyens ging dahin, die Wohlthat, das Moment der Ueber= legenheit, das in der allgemeinen Wehrpflicht ruht, für immer seinem

Staate zu sichern und diesen nicht abhängig zu machen von Leistungen, durch augenblickliche Not abgerungen.

Und Boyen sah sich eben jetzt auf den richtigen Platz gestellt. Im Sommer des Jahres 1814 wurde er zum Kriegsminister ernannt und ihm die Neuorganisation der preußischen Streitmacht aufgetragen. Nun war die Bahn frei für fruchtbringende Thätigkeit, und Boyen glühte vor Eifer, seine Lieblingsidee, die allgemeine Wehrpflicht, in die Wirklichkeit zu übersetzen. Er wußte die Arbeit so zu fördern und die Entwürfe so zeitig zur Vorlage zu bringen, daß mit der Unterschrift des Königs vom 3. September 1814 das neue Gesetz über die Organisation der Armee unter Zugrundelegung der allgemeinen Wehrpflicht, samt Landwehrgesetz und etwas später folgender Landsturmordnung, in Kraft treten konnte.

Dadurch war Preußen in den Besitz des Geheimnisses gekommen, das ihm, dem an Bevölkerung kleinsten Großmachtstaate, für Generationen die Ueberlegenheit sicherte. Vorerst und für lange stand Preußen mit seinem Vorsprung allein. In den übrigen Staaten wagte man nicht, und zwar aus ganz verschiedenen Gründen, die allgemeine Waffenschule des Volks unter die grundlegenden Staats= gesetze aufzunehmen.

Boyen hatte seine Zeit klug benützt; er schmiedete das Eisen, weil es glühte. Noch wirkte der Schwung aus den Befreiungskriegen nach, noch dachte man der allgemeinen Not unter der Fremdherrschaft und der schönen Tage, da hoch und nieder in gemeinschaftlicher Abwehr sich gefunden. Der Mann mit der warmen Ueberzeugung von der ethischen Macht seiner Ideen wußte auch die halb Wider= willigen zu gewinnen. So zeigten sich die Kollegen Boyens, die übrigen Minister, selbst diejenigen, welche Stein als „Erzphilister" bezeichnet, willig. Sie stimmten zu, und so wurde der Gedanke Gesetz, welcher die Ueberlegenheit über alle Staaten sicherte, die bei dem weit bescheideneren Machtmittel der Konskription stehen geblieben waren. Und ein Glück war es, daß eben jetzt Boyen sein Unter= nehmen gelungen war; kurze Zeit nachher mußte das Zustandekommen sehr fraglich erscheinen.

Es war eine Pause des tiefen Atemholens, des Rastens nach unerhörten Anstrengungen gewesen, welche Boyen benützte, um sein Gesetz in Sicherheit zu bringen. Die Freiheit des Rückens hatte seinerzeit überzeugte, ernsthafte Gegner eigentlich nicht gefunden. Anders verhielt es sich mit dem neuen Gesetz, dessen Notwendigkeit man gerade jetzt, da der Feind zu Boden lag, nicht vollständig ver= stehen konnte.

Noch einmal gab es zu ringen im Sommer 1815, da aber, nach Waterloo, zog allerwärts Ruhe ein. Mit ihr rüsteten die Gegner zum Sturmlauf gegen die allgemeine Wehrpflicht.

Nun galt es für Boyen, dem Egoismus und der Borniertheit gegenüber das Errungene zu verteidigen. — In allen Kreisen des Volkes war man überhaupt unzufrieden geworden; man hatte sich doch ganz andere Dinge versprochen, als man so sterbefreudig aus= gezogen · war. Man steckte die Köpfe zusammen, in den Städten, bei den Junkern, in der Bureaukratie. Zeit sei es doch endlich, zur Vernunft zurückzukehren; was solle es denn heißen, die Söhne des Volkes mitten im Frieden drei Jahre bei der Fahne zu behalten? Etwas Widersinniges sei es doch, den Sohn reicher Eltern, den Sprößling eines vornehmen Hauses, in Reih und Glied neben den Sohn des Arbeiters zu stellen. Man solle zu richtigen Grundsätzen zurückkehren, die Soldaten werben wie ehemals, oder bei den niedrigen Klassen ausheben; aber die Söhne der Städtebürger und der bevor= zugten Klassen solle man nicht mit den neuen ideologischen Albern= heiten plagen.

Eine andere Strömung lief nebenher. Die Furcht vor den **Umsturzabsichten der deutschen Patrioten** hatte Napoleon I. erfunden. Gierig nahm aus seiner Hand Fürst Metternich die Vogelscheuche, putzte sie mit neuen Flittern und grellen Farben heraus und wußte sie überall da aufzupflanzen, wo man davon redete: die absolute Gewalt der Kronen sei durch Verfassungen zu beschränken; dem Leben des Volkes müsse ein höherer geistiger Gehalt zugeführt und es selbst in den Stand gesetzt werden, die Ausgaben und alle Handlungen der Regierungen zu überwachen.

Aus allen Lagern streckten sich dem Fürsten hilfreiche Hände entgegen, zitternd vor Begierde, ihre unverfälscht feudalen Gesinnungen an den Tag zu legen, und bereit, mit geschäftiger Hand die Völker alle, groß und klein, in sorgfältig gehütete Polizeipferche einzuschließen, geschützt vor jedem Luftzuge.

Und jetzt, in den Jahren 1815—19, redete sich die Partei der Reaktionäre und Dunkelmänner ein: Alles sei zu befürchten von diesen Brandstiftern, von diesen Anhängern eines Stein, Gneisenau, Boyen; Landwehr und Landsturm, das seien die schlau ausgedachten Waffen in ihrer Hand, um dem geordneten Staatswesen den Todes= stoß zu versetzen, Verfassungen und andere Greuel einzuführen.

Der preußische Staat war gewaltig gewachsen an Land und Leuten, wenn auch in einer fast unerträglichen politischen und topo= graphischen Form. Teile von Sachsen, Westfalen und Berg, ein großes Stück vom linken Rheinufer, an der Mosel, Nahe, Saar, welches eben noch einen Bestandteil des eigentlichen Frankreich ge= bildet hatte, umschlossen die neuen preußischen Grenzen. Hier, in den ehemaligen Departements des Rheines und der Mosel, fand die preußische allgemeine Wehrpflicht, beim armen Volke wenigstens, die beste Aufnahme. Noch dachte man hier der Tage, da das strenge französische Gesetz den Sohn der armen Eltern wegnahm auf fünf, auf sechs Jahre, meist auf Nimmerwiederkehr. Es wird erzählt: wie zu einem Leichenzug ordnete sich der Weggang der Konskribierten, wehmütig leise sprachen die begleitenden Väter mit den Ausziehen= den; es sei nur selten einer wiedergekommen. Stellvertreter konnten die mittellosen Leute sich ja doch niemals leisten; so fanden sie sich beglückt durch nur dreijährigen Dienst.

Anders aber dachten und sprachen die besitzenden Klassen. Allen voran lärmten die ehemals Privilegierten: die großen Städte, die Beamten und der Adel in Sachsen, Pommern, Ostpreußen, in der Mark. Wenn es gelte, dann wolle man gerne ausziehen, aber Uebungen in Friedenszeiten, damit solle man sie in Ruhe lassen.

Außerordentlich naive Vorschläge zur Erleichterung der höheren Klassen wurden gemacht: drei Tage Uebungen im Jahre, und ähnliches für die vornehmen Söhne. Man müßte sich ab, den Wert militärischer Vorbildung so gering als denkbar hinzustellen. Wenige Monate, oder höchstens ein Jahr, hätten doch auch genügen müssen vor dem Jahre 1813, und man habe sich doch tüchtig geschlagen. Und Boyen darauf: „Weil ich etwas Besseres haben wollte, als was die Not gebot, deshalb ist das Gesetz des Waffendienstes im Frieden für alle gleich geworden."

Das möge ja gut sein für den gemeinen Mann, aber wo bleiben dann die Vorrechte der höheren Stände? Zu dem System Friedrichs des Großen solle man zurückkehren; ganz mit Unrecht hätten die Tugendbündler und Brandstifter von 1807 ab das überlieferte Alte über Bord geworfen.

„Unzweifelhaft kommt der Geist vom Jahre 1806 allmählich wieder empor im preußischen Volk und in der Armee," klagte Gneisenau, und in der That, durch den Eifer der Zurücktreiber sahen sich die Errungenschaften, welche aus der Niederlage des Jahres 1806 hervor= gegangen waren, ernstlich bedroht.

Als Erster Konsul hat im Jahre 1800 Napoleon die allgemeine Wehrpflicht von den Schultern der besitzenden und einflußreichen Klassen genommen; er machte diese Konzession, um sich die Unter= stützung dieser Klassen zu sichern; so entstand in Frankreich der Loskauf. Der absolute König von Preußen aber konnte ris= kieren, den bevorzugten Ständen eine Konzession zu versagen, welche, wenn auch augenblicklichen Beifall erzeugend, doch eine Untreue gegen den politischen Idealismus gewesen wäre, dem die allgemeine Wehrpflicht entsprang.

So blieb die allgemeine Wehrpflicht für Preußen erhalten, wie auch die volkstümliche Einrichtung der Landwehr durch die gesunde Energie des Königs. Allmählich wurde der gemeinsame Waffendienst populärer; er verband die vielteiligen Stücke des preußischen Volks und wurde als eine ehrenvolle Auszeichnung angesehen. Hatte man zuerst unwillig den Kopf geschüttelt, wenn ein gemeiner Soldat in elegantem Wagen fuhr, so kam man doch nach und nach auf den Gedanken, hierin sei kein Umsturz zu erblicken, und der Einjährige wurde bald eine volkstümliche Erscheinung in Berlin.

So war das Werk gerettet; der Schöpfer des Werkes aber sah sich nach wie vor angefeindet von einer Partei, an deren Spitze sich der Prinz Karl von Mecklenburg, Tauentzien, Knesebeck, Ancillon, Schmalz und andere gestellt hatten. Die fortgesetzten Wühlereien veranlaßten auch Boyen, im Jahre 1819 von seinem Posten abzu= treten; mit ihm schied auch W. v. Humboldt aus dem jetzt den Zurücktreibern überlieferten Kabinette aus.

In seiner Bedrängnis hatte Boyen einige Zeit vorher an Gneisenau geschrieben, an den Mann, der den Namen „Dema= gogengeneral" von denjenigen erhalten, welche ein Greuel erblickten in der Abschaffung des Stockes, in der Einführung der allgemeinen Wehrpflicht, in dem deutschen Gedanken, in dem Planen von volks= tümlichen Verfassungen. Der Mann mit der stolzen, freien Stirn, mit dem Adlerblicke des Feldherrn, dem jede Kriecherei und sonstige Gemeinheit von Herzen zuwider war, ging eben selbst mit der Absicht um, vom öffentlichen Leben zurückzutreten.

Der Brief Boyens vom 31. Januar 1816 an Gneisenau aber lautet so:

„Recht trübe hat mich Ihr Entschluß gemacht, und ich muß Ihnen bekennen, daß Ihr Vorhaben auszuscheiden mich schwer, recht schwer niederdrückt. Soll ich denn allein einen Kampf, der eigentlich schon ausgebrochen ist, führen? Ob man nicht alle Dinge womöglich auf den Standpunkt vor dem Jahre 1806 zurückführen könne, das ist der Zweck, und ist dies nicht für eine menschliche Kraft zu viel? Glauben Sie mir, mein hochverehrter Freund, wir leben in dieser Hin= sicht in einer recht trüben Zeit; schon giebt es Menschen, die mit der von der Natur erhaltenen Stirne die Prinzipien der alten Armee= verfassung zu preisen anfangen, und so geht es durch alle Lebens= verhältnisse durch. Die Erfahrungen der Jahre 1806—1816 sind diesen Sündern keine Lehre gewesen. Mit dem Prunk sogenannter treuer Gesinnungen verdecken sie ihr Streben nach eigenem Vorteil, und ihr Eldorado ist die diesem Gelichter so behagliche Rückkehr des Reiches der Dummheit."

II. Die Arbeit nach dem Siege:

Weiterentwicklung; Oeffentlichkeit des Strafgerichts.

Wie geschickte Hände und tapfere Herzen aus der Niederwerfung des Staates einen Segen herauszuarbeiten wußten, das haben wir gesehen. Aus errungenen Erfolgen aber einen Segen abzuleiten, dafür zu sorgen, daß für kommende Zeiten das gewonnene Uebergewicht festgehalten wird durch Fortschritt auf allen Lebensgebieten, das ist f ü r d e n S i e g e r keine ganz leichte Aufgabe.

Die unbedingten Anbeter des Erfolgs machen sich geltend. Servilismus und Byzantinismus nehmen immer breiteren Raum für sich in Anspruch und verunreinigen die Luft, so daß auch die sonst hellbrennenden Lichter anfangen, trübe zu scheinen. In den Tagen nach Jena hatte Königin Luise gesprochen: „Wir waren eingeschlafen auf den Lorbeeren Friedrichs des Großen, welcher, der Herr seines Jahrhunderts, eine neue Zeit schuf. Wir sind mit derselben nicht fortgeschritten, deshalb überflügelt sie uns."

Nach einem Siege war es, nach der Rückkehr aus der Hauptstadt des Feindes, daß sich das preußische Volk die schwerste aller Lasten auferlegte, die allgemeine Wehrpflicht, als Schlußstein des nach der Niederlage begonnenen Reformwerks. Die Reformer selbst sahen sich von der rückläufigen Bewegung auf die Seite gedrückt, aber ihr Werk ist geblieben als wertvoller Besitz des preußischen Staates, als unterscheidendes Merkmal desselben. Boyens Werk erwies sich von so wunderbarer Lebenszähigkeit wie nur wenige Erscheinungen auf deutschem Boden. Es sind ihrer neben der a l l g e m e i n e n W e h r p f l i c h t noch zwei: die Zusammenfassung der materiellen Interessen des deutschen Volks im Zollverein und die Aeußerungen des deutschen Geisteslebens in der Litteratur und Presse, in den Vereinen der Gebildeten.

Der Zollverein erwies sich so zählebig, daß er den Bruderkrieg von 1866 überstand, des Aufeinanderschlagens gar nicht achtete und ruhig weiterarbeitete. Und das deutsche Geistesleben verblieb trotz versuchter Einschnürungen auf der Bahn politischen Fortschrittes. Diese drei Gewalten sind es gewesen, welche die Einheit, Größe und Freiheit der Nation zu stande gebracht haben: Macht, Wohlstand, geistigen Besitz. —

Heute haben wir im Deutschen Reich 50—60 Millionen Menschen zu ernähren und ihre Lebenshaltung sicher und würdig zu gestalten. Die Bebauung des Bodens bringt das allein nicht fertig. So muß die Industrie helfen. Einer Handwerkstätte im Großen gleicht unser moderner Staat. Geregelter und gesicherter Absatz allein aber vermag uns zu unserem Ziele zu führen: zu fortdauernder Arbeit, zu ausreichendem Lohn für die arbeitenden Massen. Mit diesen Bestrebungen haben wir unseren Platz auf dem Weltmarkt eingenommen, und den behaupten wir mit allem Nachdruck. Dazu gehört Macht, darüber kann gar kein Zweifel sein; eine Schildwache muß neben dem auf dem Weltmarkt verkehrenden Handelsmanne stehen.

Darin liegt freilich gerade kein Kulturfortschritt; aber die Sache ist einmal so, und es kann zu gar nichts nützen, sich die wahre Lage zu verschweigen oder sie zu beschönigen. Aller Ohren und Herzen aber werden freilich stets dem offen stehen, der es sich zur Aufgabe macht, auszumalen, welche herrlichen Ziele erreicht werden könnten, wenn man all das schwere Geld, das für die Rüstungen zu Wasser und zu Lande draufgeht, der Kunst, dem Unterricht, der Verschönerung des Lebens zuführen würde. Wer möchte nicht freudig dazu Ja und Amen sagen?

Wenn nur der Kampf um den Weltmarkt nicht wäre. Oder glaubt man, wir würden dieselbe Rolle als Produzenten und Verkäufer heute einnehmen, wenn wir den Krieg 1870 verloren hätten, wenn es uns nicht gelungen wäre, die Anerkennung unserer Berechtigung, als große Macht auf den Weltmarkt zu treten, den eifersüchtigen, neidischen Nachbarn abzutrotzen?

Sobald wir schlaff werden sollten an kriegerischem Geist, nachlassen in unserer Bereitschaft, sicher würde in zehn Jahren unsere Nation, wenn Schlimmeres nicht geschähe, einem wimmelnden Ameisenhaufen noch mehr gleichen als heute, dabei auch jede Einzelameise gelehrig, geschickt, wohlunterrichtet; aber das Ganze ohne schützende Bewachung in ausreichendem Maße. Der Weg zum Weltmarkt würde dem harmlosen, bescheidenen großen Volke bald erschwert oder ganz verlegt sein, nur mit Verlust zugänglich, der Nutzen unserer Arbeit von wohlbewaffneten Handelsrittern und kecken Freibeutern weggeschnappt. Denn zwangsweise ihr Absatzgebiet zu erweitern, das ist gerade das Streben der bis heute noch größten Macht auf dem Weltmarkt.

Also müssen wir Rüstung tragen, wir mögen wollen oder nicht, um Lohn zahlen zu können; und da wir doch einmal müssen, so soll diese Rüstung die denkbar beste sein. Denn für eine mittelmäßige oder gar schlechte ist jeder Groschen zu viel. Insbesondere soll unsere Streitmacht zu Wasser und zu Land die beste sein an Disciplin durch die vollkommenste und menschlichste Gesetzgebung. —

Als die ehemaligen Rheinbundstaaten im Anschluß an die großen Mächte 1814 nach Frankreich zogen, da erfreute sich nur die preußische Armee menschlicher Strafgesetze. Die Truppen der mittleren und kleinen deutschen Staaten befanden sich noch unter der Herrschaft des Stocks und der Spießruten wie vor alters. Es war auch vorsorglich bei diesen kleinstaatlichen Truppenteilen verordnet: man solle, da bei anderen Heerteilen (die preußischen sind gemeint) die körperliche Züchtigung abgeschafft sei, vorsichtig mit deren Anwendung verfahren und kein Aergernis geben.

Eine den Forderungen der Zeit entsprechende Rechtspflege erhielten die deutschen Kleinstaaten bei ihren Truppen zumeist erst vom Jahre 1818 ab neben umgearbeiteten Kriegsartikeln.

Durch Jahrzehnte hindurch blieb alles ruhig bestehen. In Preußen trug man die schwere Last der allgemeinen Wehrpflicht und mühte sich ab mit den Versuchen zu einer Verfassung. Einen frischen, freiheitlichen Luftzug vermeinte man anfangs zu verspüren, als mit dem Jahre 1840 Friedrich Wilhelm IV. den preußischen Thron bestieg. Als militärischen Ratgeber, als Kriegsminister, rief der neue König den seinerzeit so schwer gekränkten Boyen aus dem Ruhestand in neue Thätigkeit zurück. Zum Schrecken der Maulwürfe, wie er sie nannte, trat der siebzigjährige Kriegsmann mit der erprobten Schaffenskraft an die Spitze der Heeresleitung.

Durch sinnig gewählte Auszeichnungen, durch aufrichtige Verehrung suchte der König den greisen Gehilfen für alles früher Erlittene zu entschädigen. Und Schutz von oben that not. Denn die Rotte aufgeblasener Reaktionäre und Ignoranten, welche nichts Großes sehen kann, hat es dem wahrhaft vornehmen Manne mit dem reichen Wissen und dem hellen Kopfe niemals vergessen, daß er sie zu durchschauen und nach Gebühr zu kennzeichnen wußte. Es geht das dem Namen Hermann v. Boyens fast noch bis heute nach.

Gleich zu Anfang seiner Geschäftsübernahme als Kriegsminister hatte Boyen, wie der König sich ausdrückte, „ein Stückchen Schwerenot" mit dem Chef des Militärkabinetts, Graf Lindheim. Es gelang Boyen, den rechthaberischen Gegner zu verdrängen, indem er offen aussprach: „Ich habe das Amt nur angenommen, um dem König einen Beweis meiner treuen Anhänglichkeit zu geben; sobald ich aber sehe, daß meine Wirksamkeit gelähmt wird, so hat die Stelle

keinen Wert für mich." Mehr als das Alter hemmte den Kriegsminister die Unsicherheit seiner Stellung: alle Ratgeber Friedrich
Wilhelms überkam bald das drückende Gefühl, daß man in einer
unmöglichen Zeit lebe.

Boyen ist 1847 als Kriegsminister zurückgetreten und ein Jahr
darauf gestorben, zu der Zeit, da Albrecht v. Roon, der 1859
Kriegsminister wurde, als Chef des Generalstabs beim VIII. Corps
stand. So haben die zwei großen Kriegsminister noch zusammen
gelebt, der Schöpfer der allgemeinen Wehrpflicht und der Organisator,
der seine erweiternde Form so scharf und mit so warmer Ueberzeugung zu verfechten verstand. Möglich wäre es, daß der Mann
der Befreiungskriege mit dem in seinem Herzen lebenden Ideal der
Humanität und des sittlichen Gesetzes noch Ansichten austauschte
gegenüber dem kraftvollen Realisten, dessen Zweck die straffe Kon-
zentrierung der nationalen Kraft für die Zwecke der Macht und Herrschaft war.

In den deutschen Kleinstaaten brachte man die Ergebnisse
militärischer Erziehung auf einen unglaublich geringen Stand herab;
kaum daß den außerordentlich mäßigen Anforderungen der Bundes-
kriegsverfassung genügt wurde.

Da begann es sich plötzlich zu regen im deutschen Land und
unter dem deutschen Volk. Allerorten begann es lebendig zu werden:
in der Litteratur, in der Presse, in den Vereinen, in jedem einzelnen
Lande, in den Residenzen, in den Landtagen, in jeder Gemeinde.
Man ging daran, sich durch weitläufige Beratungen zu einem modernen
Volke umzugestalten; zu Macht, Einheit und Freiheit wollte man ge-
langen, so rasch und so glatt als möglich.

Zu den akademischen Anläufen des Gelehrtenkongresses
in der Paulskirche in Frankfurt im Jahr 1848 gehört auch
ein theoretischer Versuch über die deutsche Streitmacht, welcher zu
Tage kam in dem „Entwurf zu einem Gesetz über die deutsche Wehr-
verfassung", der am 25. September 1848 der Versammlung vor-
gelegt wurde. Mit allgemeiner Spannung hatte man dem Ereignis
entgegengesehen. Da aber die Sache lediglich verlief als akademische
Stilübung, so blieb sie ohne Beachtung und Einwirkung. Um Volksbewaffnung anzubahnen, hatte man in einzelnen Staaten Bürgerwehren errichtet. Wir werden ihnen weiter unten begegnen.

Als eine zeitgemäße Fortbildung des Gesetzes vom 3. September
1814 kündigten Prinzregent Wilhelm, nachmals als König und
Kaiser Wilhelm I., und sein Gehilfe, der Kriegsminister v. Roon,
1860 den Neubau der Armee, die Armeereorganisation an.
Darum handle es sich, die lange Dauer der Verpflichtung zum Kriegs-
dienst abzukürzen und umzuwandeln in eine kürzere Zeitdauer für
eine größere Anzahl von pflichtigen Mannschaften. So wurde die

allgemeine Wehrpflicht noch weiter ausgedehnt und ergiebiger gemacht.

Damit war Preußen allen Wechselfällen gewachsen. Die übrigen deutschen Staaten aber behielten ihr Kriegsdienstgesetz bei, welches zumeist dem französischen Konstriptionsgesetz vom März 1800 nachgebildet war. In Frankreich selbst war an diesem Gesetz kaum etwas geändert worden. So trafen die Kriege 1864 und 1866 die preußische Armee in einer vorzüglichen Verfassung.

Die allgemeine Wehrpflicht, so alt sie auch war, hob sich plötzlich zu dem Rang einer beneidenswerten Erfindung, einer weltgeschichtlichen Berühmtheit. Ganz derselben Bewunderung erfreute sich jetzt die ganze preußische Organisation und Bewaffnung.

Der Norddeutsche Bund war 1866 entstanden samt den Verträgen mit den süddeutschen Staaten, welche die Bestimmung enthielten: Die Heereseinrichtungen Süddeutschlands sollen in wesentlicher Uebereinstimmung mit denjenigen Preußens und des Norddeutschen Bundes geordnet werden; — mit dem Zollverein zusammengehalten die faktische Einheit Deutschlands. So vollzog sich die Einführung des Grundsatzes der allgemeinen Wehrpflicht in allen deutschen Staaten, auch den süddeutschen, während der Jahre 1866—1868.

Auf diese Weise von innen heraus zur Ueberlegenheit ausgebaut, vermochten die deutschen Staaten gemeinschaftlich den Kampf aufzunehmen, als der böse Nachbar Frankreich die Stunde gekommen glaubte, um sein wie ein altes Recht ihm zukommendes Uebergewicht wieder herzustellen, um die Gemüter im eigenen Lande zu befriedigen, um die Machtstellung Deutschlands, welche in seiner Einigung lag, zu hintertreiben.

Was seither gewissermaßen nur versteckt vorhanden gewesen war, das trat jetzt, von dem Zauber alten und neuen Glanzes umwoben, vor aller Welt auf den Plan: das Deutsche Reich mit dem König von Preußen, Wilhelm I. als Kaiser, an der Spitze.

„Uns wolle Gott verleihen, allezeit Mehrer des Deutschen Reichs zu sein, nicht an kriegerischen Eroberungen, sondern an Gütern und Gaben des Friedens auf dem Gebiete nationaler Wohlfahrt, Freiheit und Gesittung."

So schloß der Kaiser seine Ansprache an das deutsche Volk. Zehn Jahre vorher, als er im Januar 1861 seinem Bruder auf dem preußischen Thron folgte, da hatte König Wilhelm das goldene Wort gesprochen: „Es ist Preußens Bestimmung nicht, dem Genuß erworbener Güter zu leben."

In der That, von einem Ausruhen auf den Lorbeeren war niemals die Rede, weder beim Volk noch bei der Regierung. Das Erwerbsleben hatte einen mächtigen Anstoß erhalten, Verkehr und

Handel fanden neue Bahnen; manch frischer Zug auch kam ins geistige Leben. Und im gesetzgebenden Körper, im Reichstag, war man bemüht, neue Schutzmauern aufzuführen, die alten umzubauen und zu verstärken für die Gesamtheit sowohl als für den Einzelnen: im Rechtsleben, im Erwerb, in der Erhaltung der durch Heer und Flotte verbürgten Sicherheit. Ein gewaltiger Schritt für die Rechts-einheit der Nation geschah durch die Vorlage der Justizgesetze im Jahre 1874. Von der Civilprozeßordnung ist hier ganz besonders gesagt:

„Sie beruht auf der Durchführung des Grundsatzes der Oeffentlichkeit und Mündlichkeit aller Verhandlungen. Die Entscheidung des Richters stützt sich nicht mehr auf eine trockene Verlesung der Akten, sondern auf das lebendige Bild, entnommen aus der Rede und Gegenrede der Parteien. In voller Freiheit würdigt der Richter die Beweismittel nach seiner innern Ueber-zeugung. Er ist nicht mehr an die von Juristen erfundenen, den Laien unverständlichen Beweisregeln gebunden. Die Parteien bewegen sich freier als bisher, sie bringen dem Richter die Thatsachen, sie führen vor ihm die Beweise, sie befragen selbst die Zeugen und Sachverständigen. Nicht mehr das künstliche Recht des Juristen wird gesucht, sondern das wahre Recht des Volkes." .

In demselben Jahr ist die Streitmacht des Deutschen Reichs in feste, ständige Formen gebracht worden. Schon mit dem 1. Oktober 1872 war das Militärstrafgesetzbuch für das Deutsche Reich in Kraft getreten samt Kriegsartikeln und Disciplinarstrafordnung für Heer und Marine (für letztere mit dem Jahr 1891). Dazu Vorschriften über die Behandlung von Beschwerden vom Frühjahr 1873. Beibehalten blieb für den preußischen Bereich die Prozeßordnung vom Jahr 1845, für Württemberg die von 1818 beziehungsweise 1843. Der Grundsatz der allgemeinen Wehrpflicht aber hielt seinen Er-oberungszug durch alle großen Festlandstaaten von ganz Europa. Keine Nation wollte für die Zukunft auf die unbegrenzten Macht-mittel, auf die erzieherischen Wohlthaten, auf die Gleichheit der Bürger im Waffendienst verzichten.

Ueber eine andere Lebensfrage der Armee ist viel hin und her geredet worden seit Jahrzehnten, über die aktive Dienstzeit bei der Fahne, die Friedenspräsenz. Man hat der Zeiten der Not gedacht, wo man auch mit wenigen Monaten Einübung zufrieden sein mußte. Drei Jahre bei der Fahne, das könne die allgemeine Pflicht nie populär machen; es solle in Rechnung genommen werden, daß die zur Waffenschule Einrückenden viel sorgfältiger als früher vorbereitet seien. Nicht müde wurde man, auf die Schweizer und, mit Entstellung des Thatsächlichen, auf die Amerikaner hinzuweisen, auf Milizen, auf die Möglichkeit, erst bei ausgebrochenem Krieg die Heere zu improvisieren und für ihre Aufgabe heranwachsen zu lassen.

Während der Zwischenzeit aber hatten Laien wie Sachverständige hinreichende Studien machen können über Improvisationen und über allmählich zur Schlachtentüchtigkeit heranwachsende Heere im Secessionskrieg der Amerikaner und bei den Armeen Gambettas. Ja, wenn die Armeen auf beiden Seiten auf der Stufe von Schülern sich befinden, welche allmählich mit redlichem Bemühen gleicherweise zur Meisterschaft heranreifen, da mag die Sache gehen; aber so ein paar Jahre dauert das immer, wie es in Amerika gegangen ist. Wo aber ein fertiges Meisterheer auf den Plan tritt, da ist einem solchen gegenüber der Lehrling verloren.

Von der numerischen Ueberlegenheit der Heere hat man sich in neuester Zeit große Dinge versprochen. Der Grundsatz: mehr Streiter mit kürzerer Dienstzeit, der 1860 bei Neubildung der preußischen Armee aufgestellt worden war, kam aufs neue zu seinem Recht. Man sah, wie durch verschiedene Rücksichten das starre Prinzip der dreijährigen Dienstzeit schon vielfach durchlöchert war. Dazu trat die Notwendigkeit, bei der rasch wachsenden Bevölkerung immer mehr Waffentüchtige auszuheben und die Zahl der Lehrjahre durch größere Intensität und Ausnützung der Lehrzeit zu ersetzen. So kam man zu Erwägungen, welche im Sommer 1893 die auf zwei Jahre beschränkte Dienstzeit für die Fußtruppen herbeiführten.

Es giebt Dinge, die in der Luft liegen, die sich nicht zurück= drängen lassen. So ist die Freiheit der Rücken zu stande gebracht, so die allgemeine Wehrpflicht geboren, so die zweijährige Dienstzeit eingeführt worden; so wird auch der notwendige Schritt vorwärts in der militärischen Rechtspflege geschehen.

Ueberall haben besorgte Gemüter den unvermeidlichen Zusammen= bruch des Bestehenden geweissagt infolge Einführung von Neuerungen. So haben sich ängstliche Unkenrufe hören lassen, als man damit umging, den Stock abzuschaffen, die Bürgerlichen ins Offiziercorps einzuführen, die allgemeine Wehrpflicht als Grundsatz aufzustellen, zweijährige Dienstzeit für die Fußtruppen. Und Gründe für Ein= reden und Hemmungen hat es überall gegeben. Doch erwies sich bei jeder der ohne alle Ueberstürzung eingeführten Neuerungen der innere Wert der Reform jedesmal so bedeutend und schwerwiegend, daß die dagegen gemachten Einreden nicht mehr in Betracht kommen konnten.

Von der Strenge militärischer Strafgesetze hat man sich
von jeher gerne losgemacht. Sie wurden überall als äußerst un=
bequem empfunden, wohlthätig zwar, aber als unvereinbar mit der
behaglichen Würde des Staatsbürgers bezeichnet. England kannte
bis zum Jahre 1689 keine andere gesetzliche bewaffnete Macht als
die Miliz. Sie verblieb während der Dienstleistung im Frieden
unter der Herrschaft des bürgerlichen Gesetzes. „Wenn ein Soldat
seinen Obersten zu Boden schlug," erzählt Macaulay, „so unterlag
er nur den gewöhnlichen Strafen für thätlichen Angriff und Schlägerei;
wenn er sich weigerte, den Befehlen zu gehorchen, so unterlag er
gar keiner gesetzlichen Strafe."

Dryden spottet so über diese Miliz:

> „Das Land erschallt von lautem Lärmgeschrei,
> Und neu im Feld schwärmt die Miliz herbei;
> Mund ohne Hand, kostspielig aufgestellt,
> Im Frieden Last, im Krieg ein schwacher Held.
> Einmal im Monat lärmt das Volk im Land
> Und ist auch sonst, nur nicht wenn's gilt, zur Hand.
> Der Morgen sah sie auf die Wache gehn,
> In Reih und Glied und vorbereitet stehn
> Zu flüchtigem Versuch im Waffenspiel;
> Dann schnell zum Trunk, des Tages wahrem Ziel."

Die klugen Engländer aber ließen bald eine gründliche Aenderung
und Abhilfe eintreten. Der mutiny act vom Jahre 1689 brachte
eine stehende Armee und stellte sie auch in Friedenszeiten unter die
Herrschaft strenger Militärstrafgesetze. Alljährlich wird durch den
army act, wie heute der mutiny act heißt, die stehende Armee mit
ihren besonderen Gesetzen im englischen Parlament bewilligt.

Eine Miliz wunderlicher Art wurde zu Ende des achtzehnten
Jahrhunderts in Württemberg errichtet, angeblich mit der Be=
stimmung, Haus und Herd und Vaterland gegen die Einfälle der
Franzosen zu sichern, die Landmiliz. Um dem Milizmann ja nicht
wehe zu thun, beließ man ihn vollständig in seiner häuslichen Be=
haglichkeit. Namentlich aber schützte man ihn vor der Strenge des
militärischen Richters; was der Milizmann sich in der Woche hatte
zu Schulden kommen lassen an militärischen Uebertretungen, das
rügte in summarischer Weise der Oberamtmann ab, dem jede Klage
zur Anzeige gebracht werden mußte. Auch sonst wurden alle Mittel
angewendet, um ja keine militärische Tüchtigkeit und Disciplin, keinen
militärischen Geist aufkommen zu lassen. Und der Zweck wurde voll=
kommen erreicht: von den Thaten der württembergischen Landmiliz
hat nie ein Sterblicher gehört.

Auch ein halbes Jahrhundert später griff man dieselbe Sache
nicht viel energischer an. Nach Volksbewaffnung wurde landauf
landab gerufen im Jahre 1848. Um den Wünschen entgegen zu

kommen, ordneten die Regierungen die Errichtung von Bürger=
wehren in den einzelnen Gemeinden und Bezirken an. Sie sollten
an bestimmten Tagen Uebungen vornehmen, im allgemeinen der
bürgerlichen Obrigkeit untergeordnet sein und dazu noch einem selbst=
gewählten Verwaltungsausschusse unterstehen.

Die ganze Erscheinung der Bürgerwehren und ihr Treiben gab
damals dem Professor Friedrich Vischer Anlaß zu seiner Schrift:
„Das Bürgerwehrinstitut oder: Ist der Jammer noch länger zum An=
sehen?" — Die Ausdehnung des militärischen Berufs auf alle, führt
der berühmte Aesthetiker, dem zugleich eine militärische Ader inne=
wohnte, aus, sei eine Notwendigkeit aus physischen und erziehlichen
Gründen. „Was Naturvölker noch von Hause aus haben, das müssen
alte Kultur= und Hämorrhoidalvölker durch die Kunst politischer und
pädagogischer Einrichtungen wieder erwerben." Wie könne aber etwas
Gedeihliches herauskommen, wenn eine Militäranstalt von reinen
Civilbehörden geleitet werde, ein technisches Institut ohne Techniker
bestehen solle? Man möge doch die wohlmeinende, warnende und
belehrende Stimme nicht deshalb überhören, weil sie eine preußische sei.

Was man für Geld haben kann, das besaß Gambetta in
Hülle und Fülle durch die guten Dienste der Engländer; was man
nicht für Geld haben kann: Zucht und Ordnung, Respekt vor Können
und Wissen, dafür hatte er keinen Maßstab. Von militärischer Tüch=
tigkeit hielt Gambetta blutwenig. Der Soldat erschien ihm eben als
bewaffneter Mensch, der, getragen von Vaterlandsliebe, schon seine
Schuldigkeit thun werde. So schickte er im Winter 1870/71 seine
Armeen ins Feld; nach dem Osten die unter Bourbaki. General
Werder aber erwartete sie an der Lisaine und schlug mit 40 000
Badenern und Preußen die 120 000 Franzosen. — Die fünfundzwanzig=
jährige Wiederkehr dieses Siegestages haben wir ja zu Anfang dieses
Jahres besonders festlich begangen. Und mit Recht. Wäre es Bour=
baki gelungen, in Süddeutschland einzufallen, so hätten hier seine
Truppen, nach dem Geiste zu schließen, der sie beseelte, entsetzlich
gehaust und wären auch durch die Führer nicht im Zaume zu halten
gewesen. Denn das Ansehen der Offiziere, und damit die Anwendung
des Gesetzes, war auf einen unglaublich niedern Stand herabgekommen
durch die Einwirkung der Presse und der Volksredner.

„Die Disciplin ist das Heil der Armeen; die Indisciplin hat
viele zu Grunde gerichtet," sagt der alte Xenophon.

Heute ist nicht mehr zu befürchten, bei den Deutschen wenigstens
nicht, daß die öffentliche Stimme lockere Handhabung der Gesetze in
der Armee verlangt. Jedermann weiß, daß strenge, dabei menschliche
Gesetze ein mächtiger Hebel sind für Erhaltung der Disciplin,
für die Möglichkeit, die Heere zu lenken, zu verpflegen und sie ihrer
wirklichen Bestimmung entgegenzuführen. Und je stärker die Heere,

desto mehr häufen sich die Schwierigkeiten, desto höhere Bedeutung
kommt der Anwendung der Gesetze zu. Ja, wenn in England bei=
spielsweise eine Uebertretung vorkommt, wenn die uniformierten ge=
mieteten Dienstmänner einmal streiken nach Art mißstimmter Arbeiter,
wenn das dort kaum ernstlich gerügt wird, so ist es für dort von
untergeordneter Bedeutung, weil die Armee in England überhaupt
eine untergeordnete Rolle spielt. Anders bei uns im Lande des
Volksheeres, wo die Armee ein lebendiges Glied am Körper des
Volkes ist, so zwar, daß das Blut vom großen Körper des Volkes
in den Leib der Armee strömt und wieder von da zurückkehrt. Ist
etwas krank hier, wird das Leiden auch dorthin mitgeteilt. Offiziere,
Beamte, Unteroffiziere und Mannschaften sind in ihren genau um=
grenzten Rechten durch besonderes Gesetz zu schützen; insbesondere
die Hauptbestandteile: Offiziere und Mannschaften; die letzteren als
die Lernenden, die Offiziere als die mit einem nationalen Lehramt
Beauftragten.

Das Leben auf allen Gebieten, namentlich das Rechtsleben, ein=
heitlich zu gestalten für das ganze Deutsche Reich, dahin zielt ja auch
die neueste Errungenschaft, das bürgerliche Gesetzbuch. Und auch die
militärische Rechtspflege entbehrt des Einheitlichen nicht; für das
gesamte Reichsheer gilt einheitliches Militärstrafrecht und Dis=
ciplinarstrafordnung. So handelt es sich bei einer Reform nicht
sowohl um das Gesetz als vielmehr um die Form in der Anwendung
des Gesetzes, um die Prozeßordnung.

Und für die Führung des Prozesses bestehen noch drei ver=
schiedene Ordnungen innerhalb des deutschen Reichsheeres: zwei
veraltete, die preußische mit ihrem großen Machtbereich und
die württembergische; eine mit dem modernen Rechtsbewußtsein
mehr fortgeschrittene, die bayrische.

Nun ist offenbar zweierlei anzustreben: vor allem Einheitlich=
keit des Verfahrens im ganzen Reich, und zum zweiten Reform durch
Anlehnung an das bürgerliche Gesetzbuch.

Vor hundert Jahren hat einst Gneisenau auf das bürgerliche
Gesetz hingewiesen, als er die gleiche Menschlichkeit, welche bei den
Gesetzen des Bürgers waltet, auch für die strengen Strafgesetze des
Soldaten in Anspruch nahm, als er die Aufhebung der Ruten= und
Prügelstrafe durchsetzte. Da hat das bürgerliche Gesetz als Vorbild
gedient. Mehr als durch Strafen werde der Verbrecher durch die
mit der Strafe verbundene Schande gebessert, hob Boyen hervor.

Auch heute wollen wir auf das bürgerliche Gesetz zurückgreifen,
um für uns in erhöhtem Maße die bessernde Macht der Strafe zu
sichern, durch die Oeffentlichkeit. Denn die öffentlich verhängte Strafe
wirkt eindringlicher als die gewissermaßen im geheimen, vollständig
innerhalb der militärischen Gemeinde, diktierte Sühne.

An der Oeffentlichkeit liegt alles: sie ist der Kernpunkt der ganzen Reform. Sie ist es, welche dafür sorgt, daß alle Einrichtungen für die Rechtspflege sachgemäß getroffen werden, so daß die Anwendung des Gesetzes auf die zweckmäßigste und rascheste Weise erfolgen kann. Von dem Kennzeichnenden der Oeffentlichkeit sagt ein moderner Rechtsgelehrter (L. v. Bar, Göttingen): „Die Oeffentlichkeit stellt alle handelnden Personen unter die wirksamste Kontrolle; sie verhütet insbesondere, daß ein umfassendes richterliches Ermessen nicht in Willkür ausarte, sichert die Beobachtung nützlicher Formen, giebt einen Schutz gegen Anstellung unfähiger Richter und hat endlich eine große, volkserziehende Kraft. Oeffentlichkeit ohne wahre und vollständige Mündlichkeit (Unmittelbarkeit) hat wenig Bedeutung.“

„Die unbeschränkte Oeffentlichkeit des alten deutschen Prozesses ist im gemeinen deutschen Prozeß lediglich infolge der Schriftlichkeit verschwunden; erst nachher suchte man nach Rechtfertigungsgründen für die der Bureaukratie bequeme Nichtöffentlichkeit.“

———

Durch nichts wird die Neugierde so gereizt als dadurch, wenn begehrliche Augen nur durch einen Spalt oder durch trübe Scheiben in einen Raum dringen können, in welchem Vorgänge sich abspielen, bei denen grundsätzlich die Oeffentlichkeit ausgeschlossen sein soll. Man vermutet allerlei Ungeheuerlichkeiten; dies sieht man halb, jenes gar nicht, die Phantasie kommt zu Hilfe und zaubert allerhand Spukgestalten vor. Man vermutet Heimlichkeiten in dem verschlossen gehaltenen Reich.

So malt man sich wohl auch zuweilen bedeutungslose Vorgänge aus im Kreise der Offiziere, etwa im Kasino. Auch da wittern die Mißtrauischen oft Geheimnisse; könnten sie Einblick halten, so würden sie erkennen, daß hier nicht unmäßige Lustbarkeit herrscht, sondern der Geist ehrbarster Langeweile über dem Ganzen schwebt.

Das fiele nicht ins Gewicht. Aber bei etwas so Bedeutungsvollem wie bei der Rechtsprechung, da darf keine Vermutung, auch keine gläubige Annahme herrschen, sondern Gewißheit. Darum Einführung der Oeffentlichkeit zum eigenen Schutz. Und das wäre der zweite Grund für die Einführung neben dem erstangeführten, dem erziehenden Werte der Oeffentlichkeit.

Was auch heute der Oeffentlichkeit sich nicht entzieht, das sind die verschiedenen Elemente, welche unter der Fahne zusammen geführt werden. Halten wir hier Musterung. — Die allgemeine Wehrpflicht stellt den phlegmatischen, schwerfälligen Fuhrknecht neben den windigen Seiltänzer und Gaukler; so gesellt sie auch dem ängstlich gehüteten Muttersohne den heimatlosen Stromer zu; den jungen Wüstling, das verlorene Kind der großen Städte, den vielbestraften Gefängniskandidaten. Das sind die Ausnahmen. Die unendlich überwiegende Mehrzahl aber wird gebildet von den Durchschnittsmenschen, leidlich begabt nach Körper und Geist, voll des besten Willens und mit dem Vorsatz, sich nicht in Berührung zu bringen mit dem Gesetz und der strafenden Hand der Vorgesetzten. Aber der Soldatenpfad ist schmal und voller Stellen, welche Achtsamkeit verlangen.

So ist eine Uebertretung auch bei sonst guter Führung denkbar, und auch der Durchschnittsmensch verfällt dem Gerichte. Könnten Sie nun hineinblicken in das Gerichtsverfahren, wie es heute gehandhabt wird, ob nun einer der gut prädizierten Durchschnitts= menschen der Beschuldigte ist oder einer der halb verlorenen Söhne des Volks, so würden Sie wahrnehmen, mit wie viel Gewissenhaftig= keit und Sorgfalt die Behandlung erfolgt, wie neben den Paragraphen auch der gesunde Menschenverstand tritt, mildernd zuweilen, schärfend dann und wann, alles getragen von einem unabhängigen männlichen Gerechtigkeitsgefühl, verbunden mit der Umsicht und dem freien Blicke der Berufsjuristen.

Und sollte das Gericht sich einmal in seinem Urteil geirrt haben, so teilt es dies Geschick mit allen Gerichten, öffentlich oder geheim, mit Juristen oder mit Laien besetzt. Hat doch gerade in unsern Tagen der Spruch eines Gerichts über einen hohen Kolonial= beamten das allgemeine Rechtsbewußtsein besonders beleidigt.

Schwerfällig und veraltet, wunderlich fast, ist der Hergang bei unserm heutigen Militärgericht, das ist richtig, aber Heimlichkeiten giebt es nicht. — Nach dem preußischen und württembergischen Prozeßsystem herrscht in beiden das schriftliche Verfahren mit Ausschluß der Oeffentlichkeit und Mündlichkeit. Der Untersuchungsrichter übernimmt die Wahrheitsermittelung und stellt das Beweismaterial zusammen. Nun kommt die Hauptverhandlung, das Spruchgericht. Dies hat im wesentlichen nichts zu thun, als die Verlesung der erwachsenen Akten entgegenzunehmen und sich aus dem Eindruck des Gehörten heraus ein Bild von Schuld oder Un= schuld, von der Höhe des Strafmaßes zu machen. Das Urteil er= folgt, die Bestätigung, die Ankündigung und die Strafvollstreckung, möglicherweise Berufung.

Aus diesen kurzen Strichen des Hergangs erhellen schon Mängel genug: es ist wunderlich, daß der Schwerpunkt der ganzen Verhandlung im Vorverfahren, in der Untersuchung liegt; das Hauptverfahren, das Spruchgericht kommt eigentlich nur hinzu, um das Punktum zu machen. Das wäre eines. Weiter: es fehlt den Richtern der unmittelbare Eindruck des Mannes und seiner That und was sonst daran hängt; nirgends Anklage und Verteidigung als getrennte Parteien; es ist ein Fehler, daß der Richterspruch nicht an sich Kraft hat, sondern der Bestätigung bedarf.

Also Reform des ganzen Verfahrens nach Maßgabe des bürgerlichen Gesetzbuchs. Voraus die Oeffentlichkeit; diese wird sich alles andere von selbst schaffen oder doch das meiste. — Das heute lebende Geschlecht, demokratisch in Sitten und Ge= danken, schwer zu befriedigen in seinen Ansprüchen, drängt sich in alle Zweige des öffentlichen Lebens ein; nichts soll geschehen, ohne daß es seinen Anteil hätte, bei jedem Vorgange will es mit zu Rate gehen; es begnügt sich keineswegs mit Resultaten. Und mit Recht. So will es auch dabei sein, wenn ein der Waffenschule angehöriger Uebertreter abgeurteilt wird.

Nun würde es eine höchst einfache Sache sein, wenn wir sagen: wir nehmen insgesamt das bayrische Verfahren an, in welchem der Grundsatz der Oeffentlichkeit und Mündlichkeit aufgestellt ist unter Anschluß im allgemeinen an den Hergang bei den Ge= schworenengerichten. Da erheben sich aber gewichtige Stimmen von seiten unserer gewiegten Militärjuristen: wenn man doch einmal eine Reform vornehme, dann wäre es zweckmäßig, nicht das bayrische System zu wählen, sondern ein neues zu schaffen, den bürgerlichen Schöffengerichten ähnlich. Ganz besonders für militärische Einrichtungen und Anschauungen eigne sich das Schöffensystem mit seiner Vereinigung von Juristen und Laien als Richtern, wobei doch gewissermaßen Kameraden und Berufsgenossen über den Angeklagten zu Gericht sitzen. — Also militärisches Schöffengericht.

Im Grunde handelt es aber gar nicht darum, ob Schöffen= oder Geschworenensystem, ob mehr oder weniger Juristen und in welchen Stellungen dabei beteiligt. Es handelt sich, wie oben gesagt, um nichts so sehr als um die Oeffentlichkeit. Diese wird sich selbst ihr Beiwerk gestalten, durch ihre erziehende Kraft einmal und durch die Bürgschaft, die sie der Mitwelt gegenüber auf sich nimmt.

Die für die Hauptverhandlung eingeführte Oeffentlichkeit wird also von selbst zu einer Reihe von unumgänglich notwendigen Einrichtungen, zunächst zur Ständigkeit der Gerichte, führen. Um die Rechtsprechung möglichst zu beschleunigen, empfiehlt es sich, die Gerichte nicht erst zu bestimmen nach gewissen Kommandoregeln, sondern sie für längere Zeiträume zu organisieren, mit der Wirkung, daß eine Art von stehendem Gerichtshof sich bildet, welchem das richterliche Personal für eine Reihe von Jahren angehört. Es könnten die in Betracht kommenden Persönlichkeiten auf zwei bis drei Jahre kommandiert werden, oder so, daß nach Ablauf einer gewissen Zeitfrist eine Hälfte, etwa durch das Los bestimmt, aus= scheidet und für diese neue Richter eintreten, so daß stets ein fort= laufender Stamm vorhanden wäre, der in Behandlung der anfallenden Verhandlungen eine gewisse Stabilität zu schaffen im stande wäre.

Auf diese Weise würde eine Anzahl von Gerichtshöfen geschaffen in jedem Armeecorps; etwa für jede Division ein Obergericht, Untergerichte für die größeren Garnisonen und endlich eine höchste Instanz, die vielleicht mit dem Reichsgericht in Verbindung gebracht werden könnte.

Bei dem heutigen, für jeden einzelnen Fall niedergesetzten Gerichte bedarf der Urteilsspruch der Bestätigung. Der Würde des neuen ständigen Gerichts entspricht es, daß das Urteil deshalb rechtskräftig ist, weil es der Ausfluß richterlicher Ueberzeugung ist. Bestätigung hätte es also für die Zukunft nicht mehr nötig. Es ist das ein notwendiges Zubehör zur Selbständigkeit des Gerichts. Der Anstoß zur Anklage wird ja in der Regel von der Truppenkommandobehörde ausgehen, weil hier die ersten Anzeigen über ein Delikt einzulaufen pflegen. Für die Zukunft dürfte aber nicht ausgeschlossen sein, daß das immer vorhandene Gericht von sich aus zuweilen den Anstoß gäbe.

Die Generalkommandos, denen in Zukunft die Zusammensetzung der ständigen Gerichte für zwei, drei oder mehr Jahre zusteht, werden bei der Feststellung der Eigenschaften der Richter, soweit bei der nach Schöffensystem geordneten Zusammensetzung des Gerichts das militärische Element in Betracht kommt, mit besonderer Sorgfalt verfahren. Die Oeffentlichkeit erfordert das. Am zweckmäßigsten wird wohl keine Rücksicht auf die Charge genommen und als unterste Grenze für das Lebensalter der Richter das durch das bürgerliche Strafgesetzbuch festgesetzte zurückgelegte dreißigste Lebensjahr festgehalten. Inwieweit Offiziere der Reserve und Landwehr, des Ruhestandes beizuziehen seien und ob überhaupt, das wäre weiteren Erwägungen vorbehalten.

Die Oeffentlichkeit bringt ein ganz neues Prinzip in den Militärstrafprozeß herein, das Prinzip der Anklage durch die Anwaltschaft und die Verteidigung. Bisher ruhen beide Aufgaben in den Händen einer einzigen Persönlichkeit, des Auditeurs. Bei allem Bestreben, ganz unparteiisch zu bleiben, mag das doch zuweilen ein Kampf gegen die menschliche Natur sein. Wenn nicht greifbar, hörbar andere, vielleicht gegenteilige Auffassung gegenübertritt, so ist einseitige Hinneigung immerhin eine Möglichkeit. Dadurch mag manch innerer Konflikt erzeugt werden. Darum persönliche Trennung.

Man hat vorgeschlagen, die Staatsanwaltschaft einem älteren Subalternoffizier, der auf zwei Jahre zu kommandieren sei, zu übertragen, nach gehöriger Vorbildung. Er bilde dann das natürliche Bindeglied zwischen dem Kommandeur der Truppe, welcher der Angeschuldigte angehört, und dem unabhängigen Militärgericht. Denn am Ende sei eben doch der betreffende Kommandeur für die Disciplin seiner Truppe verantwortlich, und eine gewisse Einwirkung müsse ihm zugebilligt werden. Nur bei den höheren Gerichten solle der Staatsanwalt ein Berufsrichter sein. Am zweckmäßigsten dürfte wohl die Sache so geordnet sein, daß Anklage und Verteidigung in der Regel sich in den Händen von Berufsrichtern befinden. Die Einwirkung des verantwortlichen Kommandeurs und sein Zusammenhang mit·dem Fortschreiten des Prozesses erscheint bei dem Berufs= richter als Anwalt in derselben Weise gesichert.

Ausgeschlossen soll nicht sein, daß sich der Angeschuldigte einen Verteidiger wählt. Wie weit der Kreis der zur Wahl Stehenden zu ziehen sei, das zu bestimmen, wäre eine weitere Aufgabe.

Eine Berufung an ein höheres Gericht müßte sowohl dem Angeklagten als dem Staatsanwalt frei stehen.

Wie einst vor neunzig Jahren der Generalauditeur v. Koenen in der Kommission der Reformer (s. S. 20) dafür sorgte, daß überall die gesetzlichen Formen gewahrt blieben, so werden auch heute gewiegte Militärjuristen hilfreiche Hand bieten, um diejenigen Bestimmungen in das neue Gesetz einzuführen, welche sowohl den unparteiischen und raschen Urteilsspruch sichern als auch dafür sorgen, daß militärischer Geist und militärisches Gefühl geschont werden und die Disciplin eine feste Stütze in der Ausführung der Gesetze finde.

Von der Oeffentlichkeit ist ja ohne Zweifel eine wohlthätige, eine erzieherische Wirkung zu erwarten. Wie allen menschlichen Einrichtungen, so wohnt aber auch ihr ein Nachteil bei, sie schließt eine Gefahr in sich. Da sieht sich der Angeschuldigte von einem begehrlich auf Enthüllungen wartenden Publikum umgeben, recht als Held auf der Schaubühne. Alle möglichen hohen und gelehrten Herren bemühen sich um ihn; er erscheint als der Mittelpunkt eines angestaunten Dramas; aller Augen sind auf ihn gerichtet. Er fühlt sich als einer der interessantesten Männer. Das wirkt ansteckend, verfüh= rend, macht in gewissem Sinne Schule. Dem muß vorgebeugt werden.

Wenn die öffentliche Ordnung und Sittlichkeit gefährdet er= scheinen, so gestattet ja auch das bürgerliche Strafgesetz eine Aus= schließung oder Beschränkung der Oeffentlichkeit. In= wieweit diese Ermächtigung bei militärischen Gerichten noch aus= zudehnen und auszubauen sei, dafür möge als oberstes Gesetz dienen, daß der Zweck militärischer Rechtspflege neben dem Fällen unparteiischen Urteilsspruches die Aufrechterhaltung der Disciplin und die Erziehung des jungen Soldaten ist. Nur müßte eben die Beschränkung doch immerhin die Ausnahme, nicht die Regel bilden.

Der bestellte Wächter für die Erhaltung der Disciplin bei seiner Truppe ist der Kommandeur; ihm sei es gestattet, den Umständen entsprechend von sich aus einen Staatsanwalt zu bestellen und bei Fällung des Spruches durch diesen Berufung an eine höhere Instanz einzulegen.

Ueber die Besetzung der Richterstellen im Kollegium des mili=
tärischen Schöffengerichts, über die Beteiligung der rechtsgelehrten
Juristen und der militärischen Laien mögen die Ansichten ausein=
andergehen. Am zweckmäßigsten wird wohl bei der Berufung der
militärischen Richter keine ·Rücksicht auf die Charge genommen.

Manche der bei Neuordnung der Dinge herantretenden Fragen
können in verschiedener Weise beantwortet werden; in der Regel aber
möchte die Lösung am zweckmäßigsten wohl dann ausfallen, wenn
dem Militärjuristen mehr Anteil und Einwirkung als bisher zu=
gemessen wird. Eine Frage aber hebt sich noch besonders heraus
durch ihre Wichtigkeit: es ist der Vorsitz bei den verschiedenen
ständigen Gerichten. Aus dem Vorsitzenden wird der Angeklagte
herauslesen, ob er vor einem militärischen oder einem bürgerlichen
Gericht stehe.

Als Vorsitzenden wird deshalb das Generalkommando, etwa
auf zwei Jahre, einen älteren und erfahrenen Offizier kommandieren.
Denn ein Offizier muß es sein; sonst wird das Gericht von den
Mannschaften niemals als ein militärisches angesehen und anerkannt
werden. Ich für meinen Teil bin überzeugt, daß die Eigenschaften
eines militärischen Gerichts gewahrt würden auch unter dem Vorsitz
eines Militärjuristen.

Aber um gar keinen Zweifel zu lassen, um alle Deutungen aus=
zuschließen, muß man den Mannschaften gegenüber, wie auch in
anderen Fällen, zu den Sinnen reden; man muß zeigen, vor Augen
führen, was man eigentlich besagen will, nicht bloß behaupten, es
sei so, da es doch in die Augen anders fällt. Den abstrakten Begriff
festzuhalten, daß etwas von einer gewissen Beschaffenheit sei, obwohl
doch die äußere Erscheinung ganz anders vor die Augen tritt, das
ist nicht die Sache der Menge. Der Mann wird, bei einem Nicht=
offizier als Vorsitzendem, nicht von dem Glauben abzubringen
sein, daß er vor einem bürgerlichen Gericht stehe, welchem
allerdings Militärpersonen auch beigegeben sind. Alle Deduktionen
und Explikationen wird er für gutgemeinte Beschönigungen halten,
ohne seine Ueberzeugung zu ändern.

In die Gedankenreihe des Mannes, in seine Phantasie darf sich
aber die Vorstellung gar nicht einschmuggeln, daß er vor einem
bürgerlichen Gericht stehe, daß seine Vorgesetzten beim Erziehungswerk
erst in zweiter Linie vor ihn hintreten.

Von seinem Offizier, von seinem Truppenteil leitet der Soldat
alles ab, was ihm zu teil wird, solange er bei der Fahne steht.
Von seinem Offizier wird der Soldat ins Waffenhandwerk eingeführt,
der Offizier vollzieht an ihm jenes Geschäft, das ein Feldherr des
Altertums die Vorbereitung der Soldatenseele für die Schlacht nennt.
Der Soldat verlangt, daß ihm sein Recht werde, seine Verpflegung,

Fürsorge für Körper und Geist. Er ist gewohnt, daß alles zu empfangen vom Regiment, vom Bataillon durch Vermittlung des= jenigen, von dem er alles erwartet, mit dem er marschiert, hungert, friert, der ihm im Streite vorangeht, unter dessen Führung er ver= trauend einen Ausweg noch zu finden hofft, wenn alle Thüren ge= schlossen scheinen.

Nur den Rechtsspruch soll er nicht aus seinem Munde ver= nehmen? Nur da soll sein Führer nicht führen, nicht vorne an sein, wo es etwas so Wichtiges gilt wie das Urteil, das den Mann rechtfertigen oder verdammen, unglücklich machen kann? Man bröckle nichts so Wichtiges vom militärischen Geistesleben ab, als es der Rechtsspruch ist. Aus dem Munde eines von denen, die ihm Lehrer und Führer sind, werde dem Manne, solange er bei der Fahne steht, sein Recht.

Eine so wesentliche Stütze für die Disciplin, für den mili= tärischen Geist ist die Rechtspflege, daß dem Soldaten über den Anteil seiner Führer daran gar kein Zweifel kommen darf. Denn schließlich sind eben die mit dem nationalen Lehramt Beauftragten verantwortlich für Geist und Disciplin ihrer Truppe. Und zwar verantwortlich dem Kriegsherrn und der gesamten Nation. Deshalb dürfen sie in der Vorstellung des Mannes niemals von der ersten Stelle herab= steigen. Es wäre zu befürchten, daß der Offizier nach und nach in dem Herzen des Soldaten nur noch den Platz eines Drillmeisters einnähme, der auf dem Exerzierplatz wohl unumschränkt herrscht, aber eine gar bescheidene Rolle spielt, sobald es sich um etwas Ernsthaftes handelt. Respekt und Vertrauen in Wissen und Können wären weg. Der Glaube mag ja ohne Nachteil manchen leichten Stoß aushalten, aber die Erschütterung in einer Haupteinrichtung des militärischen Lebens, diese erträgt er nicht. Das ganze Erziehungswerk, das doch in Einer Hand ruhen muß, wäre gefährdet. Eine solche Gefahr aber einzutauschen gegen ein in seiner Notwendigkeit nicht vollständig nachgewiesenes Zugeständnis, dafür möchte wohl niemand die Ver= antwortung übernehmen. Nicht als die bloßen Exerziermeister dürfen die Offiziere erscheinen, sondern als die eigens bestellten Er= zieher, welche auch das letzte erzieliche Mittel, die richterliche Strafe, in der Hand halten. Denn bei weitem mehr als die technische Abrichtung fällt die soldatische und nationale Erziehung ins Gewicht.

Der Umstand, daß es nicht leicht sein wird, unter den Offizieren für den Vorsitz geeignete Persönlichkeiten zu finden, kann nicht aus= schlaggebend sein. Eine Armee mit allgemeiner Wehrpflicht ist nie= mals in Verlegenheit! Man erwäge, ob für die Zeit des Ueber= gangs vielleicht da und dort ein Vorsitzender aus den älteren Offizieren der Reserve oder Landwehr zu nehmen sei. Für den

Offizier der Linie wird es ein schweres Stück Arbeit geben, sich, durch häufigen Besuch von Strafkammern etwa, die nötige Routine, den Blick, die Auffassung für das Amt eines Vorsitzenden anzueignen. Aber die Arbeit wird gemacht, wenn nur die richtigen Persönlichkeiten bestimmt werden. Auch manche Juristen haben sich nicht ganz leicht in das öffentliche Verfahren eingelebt.

Die erziehende Kraft der Oeffentlichkeit ist wohl auch so hoch anzuschlagen, daß mit der Zeit unter der Zahl der ständigen Richter sich eine Auswahl von Männern heranbilden wird, geeignet für den Vorsitz beim Gericht und für Stellvertretung dabei. Auch durch weitere Mittel könnte für einen Nachwuchs von einzelnen Offizieren gesorgt werden, denen juristische Thätigkeit nicht fremd wäre. So könnte die Frage des Vorsitzes für Krieg und Frieden gleichmäßig geordnet werden. Denn für das Feld möchte sich militärischer Vorsitz ja doch nicht umgehen lassen.

––––––––––

Auf was hinzuarbeiten ist, das sind rasch arbeitende, für Krieg und Frieden sich gleichbleibende einfache Formen der Strafgerichts= ordnung unter Einführung der Oeffentlichkeit. Es gehört das alles mit zu dem Gesundungsprozeß des deutschen Volks, zu der Arbeit, das Vertrauen sich zu erobern. Dabei mag manche spezielle An= ordnung im Strafprozeß gleichgiltig erscheinen, wenn nur die Oeffentlichkeit gewahrt ist und der militärische Charakter. —

Es mag scheinen, als bilde jede der drei Errungenschaften: Frei= heit des Rückens, allgemeine Wehrpflicht, Oeffentlichkeit des Straf= gerichts eine That für sich. Ursächlich aber hängen sie derart mit= einander zusammen, daß eine durch die andere bedingt, die eine ohne die andere nicht denkbar ist.

Die Aufhebung der aus mittelalterlicher Landsknechtzeit stammen= den Strafen bildete die Voraussetzung für die allgemeine Wehrpflicht. Höchstes und edelstes Ziel der allgemeinen Wehrpflicht aber ist ihr Beitrag zur Volkserziehung. Die Volkserziehung nun, zu welcher die im nationalen Lehramt stehenden Offiziere ihren Beitrag zu liefern haben, gipfelt in der Verbreitung eines selbständigen Geistes, der Vaterlandsliebe und kriegerischer Tüchtigkeit auf die ganze Nation durch Uebungen, Musterungen, Nationalfeste, Gesetze, tüchtige Regie= rung und Verfassung, unter denen Wohlstand, Aufklärung, Sittlichkeit, bürgerliche Freiheit gedeihen. Denn der Gedanke der allgemeinen Wehrpflicht entsprang einem politischen Idealismus, der an die Energie des antiken Staatsbegriffs erinnert und die Volkserziehung als Ganzes umfaßt. Ein Erziehungsmittel vom ersten Rang aber ist ein bis zur Vollkommenheit geordnetes Rechtsleben.

Ein Rechtsspruch aber, welcher der erzieherischen Nachwirkung entbehrte, wäre doch nicht viel mehr als eine korrekte Formalität; das Hinzutreten der Korrektheit vermag an dem Wesen des Formalismus nichts zu ändern. Seine rechte Weihe, insbesondere jugendlichen Uebertretern gegenüber, erhält der Rechtsspruch durch seinen Beitrag zur Erziehung. Und dieser Beitrag wird wesentlich gewonnen und erhöht durch die Oeffentlichkeit des Spruchs. Schon deshalb können wir die Reform nicht entbehren. Erst dann werden wir dem Worte Boyens nachkommen, das er als Mahnung an die Nachlebenden gerichtet hat:

„Laßt uns den Zeitgeist achten, der zwar nicht im Sturmschritt nach dem Wunsche schwärmerischer Enthusiasten die Menschheit treibt, der aber den Sinn für Humanität, mit jedem Jahrhundert fortschreitend, ausbildet."

Bei der vorliegenden Zusammenstellung habe ich hauptsächlich die Werke benützt von: Pertz-Delbrück, Gneisenau; Lehmann, Scharnhorst; Meinecke, Boyen; v. d. Golt, Roßbach und Jena; Droysen, Vorlesungen über Freiheitskriege; Treitschke, Deutsche Geschichte; v. d. Marwitz, Denkwürdigkeiten, Oncken u. a. Außerdem Sybels Historische Zeitschrift, Zukunft, Deutsche Juristenzeitung und Werner, Grundzüge einer Strafgerichtsordnung, sowie meine eigenen Schriften: Kaiser Wilhelm, Der Milizgedanke, und meine neueste Arbeit: Aus dem Lager des Rheinbundes 1812 und 1813.